JN162973

# 古代日本は最強の「侵略国家」だった!?

反日⇔嫌韓ここからはじまった

吉岡節夫
Yoshioka Setsuo

高速学習アカデミー

| 時代 | 縄文時代 |
|---|---|

**日本**

B.C.660? 神武天皇即位

B.C.50 倭人、軍を朝鮮半島(新羅)に進める『三国史記』

**朝鮮半島(※一部中国東北部を含む)**

| 檀君朝鮮 | 箕子朝鮮 | 衛氏朝鮮 | |
|---|---|---|---|

B.C.2333? 天孫檀君降臨

B.C.1122? 箕子朝鮮建国

B.C.194 衛氏朝鮮建国

B.C.108 楽浪郡等の設置による漢の直接支配始まる

B.C.57? 辰韓(新羅)建国?

B.C.20? 瓢公、馬韓へ行く

**中国**

| 夏 | 殷 | 周 | 春秋戦国時代 | 秦 | (前)漢 |
|---|---|---|---|---|---|

B.C.1600頃? 殷建国

B.C.1050頃? 周、殷の紂王を討滅

B.C.770頃? 周、東遷

B.C.221 秦の始皇帝、中国統一

B.C.202 漢、中国統一

B.C.108 漢、衛氏朝鮮を破り、楽浪郡などを置く

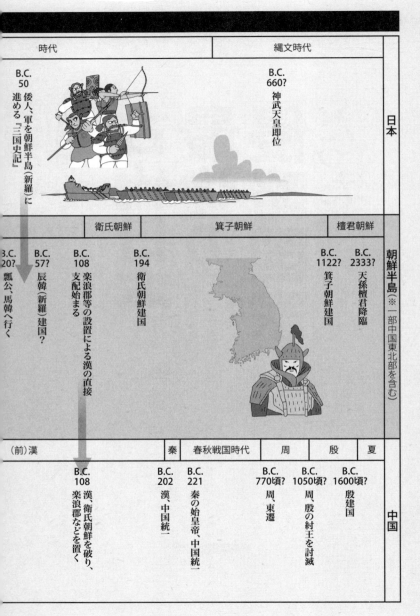

## 日朝中の関係歴史年表

**日本：古墳時代｜弥生**

- 478 倭王武、宋に遣使
- 459 倭人、兵船百余隻で東辺を襲う『三国史記』
- 413 倭王讃、東晋に遣使
- 405 倭兵、明活城を攻める『三国史記』
- 391 倭、百済、新羅を破り、臣民とする『好太王(広開土王)碑』
- 364 倭兵、新羅に大いに至る『三国史記』
- 266 邪馬台国壱与、晋に遣使
- 239 邪馬台国卑弥呼、魏に遣使
- 233 倭兵、新羅の東辺を侵す『三国史記』
- 121 倭人、新羅の東辺を侵す『三国史記』
- 107 倭国王帥升ら漢に遣使
- 73 倭人、木出島を侵す『三国史記』
- 57 奴国王、漢に遣使
- B.… を掠奪『三国史記』

**朝鮮：三国時代｜三韓時代**

- 4世紀半ば この頃、新羅、百済建国
- 369 百済、七支刀を倭に贈る
- 313 高句麗、楽浪郡を滅ぼす
- 233 于老、倭人と沙道に戦う『三国史記』

**中国：南北朝時代｜五胡十六国｜晋｜三国時代｜(後)漢｜新**

- 439 北魏が華北をほぼ統一
- 316 晋滅亡
- 265 司馬炎、晋建国
- 220 漢、滅亡
- 208 赤壁の戦い
- 184 黄巾の乱
- 25 後漢建国
- 8 新建国

日本(倭)の半島進出はごく一部を抜粋して掲載。

**日本**

飛鳥時代 / 奈良時代

512 百済に任那4県割譲
527 磐井の乱
538 百済より仏教伝来?
541 安羅に拠点を構える(任那日本府?)

583 敏達天皇、任那復興を唱える
600 遣隋使
630 遣唐使
645 大化の改新
663 白村江の戦で倭軍敗れる
710 平城京に遷都
794 平安京に遷都

**朝鮮半島**

三国時代 / 統一新羅

529 新羅により任那4邑奪われる
541 百済聖明王による任那復興協議
562 新羅により任那滅亡
601 百済の武王、高句麗・倭と通じ、新羅を侵す『三国史記』
660 新羅・唐により百済滅亡
668 新羅・唐により高句麗滅亡
676 新羅、半島統一
713 開城に築城
780 王位争い激化

**中国**

南北朝時代 / 隋 / 唐 / 周 / 唐

589 隋、中国全土を統一
618 隋、滅亡。唐、おこる
690 則天武后 周、建国

755 安史の乱
756 楊貴妃没

| 戦国時代 | 室町時代 | 鎌倉時代 | 平安時代 |
|---|---|---|---|

1019 刀伊の入寇

平安末 日宋貿易盛んに

1192 源頼朝、征夷大将軍に

1274 元寇（文永の役）

1281 元寇（弘安の役）

1338 足利尊氏、征夷大将軍に

倭寇盛んに

1404 勘合貿易始まる

1467〜1477 応仁の乱

1592〜 秀吉の命により朝鮮出兵

| 李氏朝鮮（朝鮮王朝） | 高麗 |
|---|---|

935 新羅、滅亡

936 高麗、半島統一

963 宋に服属

994 契丹に服属

1126 金に服属

1259 モンゴルに服属

1392 李成桂、朝鮮建国

1510 三浦の乱

| 明 | 元（モンゴル） | 金・南宋 | 宋 | 五代十国 |
|---|---|---|---|---|

90 唐、滅亡

979 宋、中国統一

1127 宋、金により滅亡

モンゴル帝国の台頭

1271 元、建国

1368 明、建国

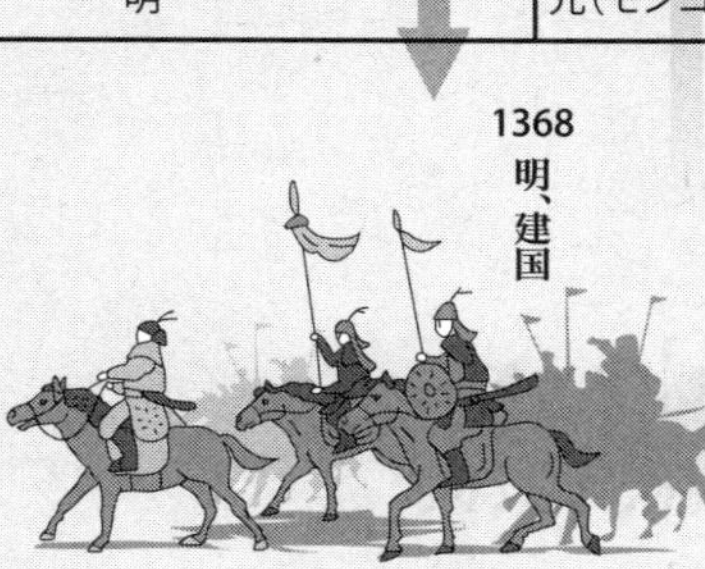

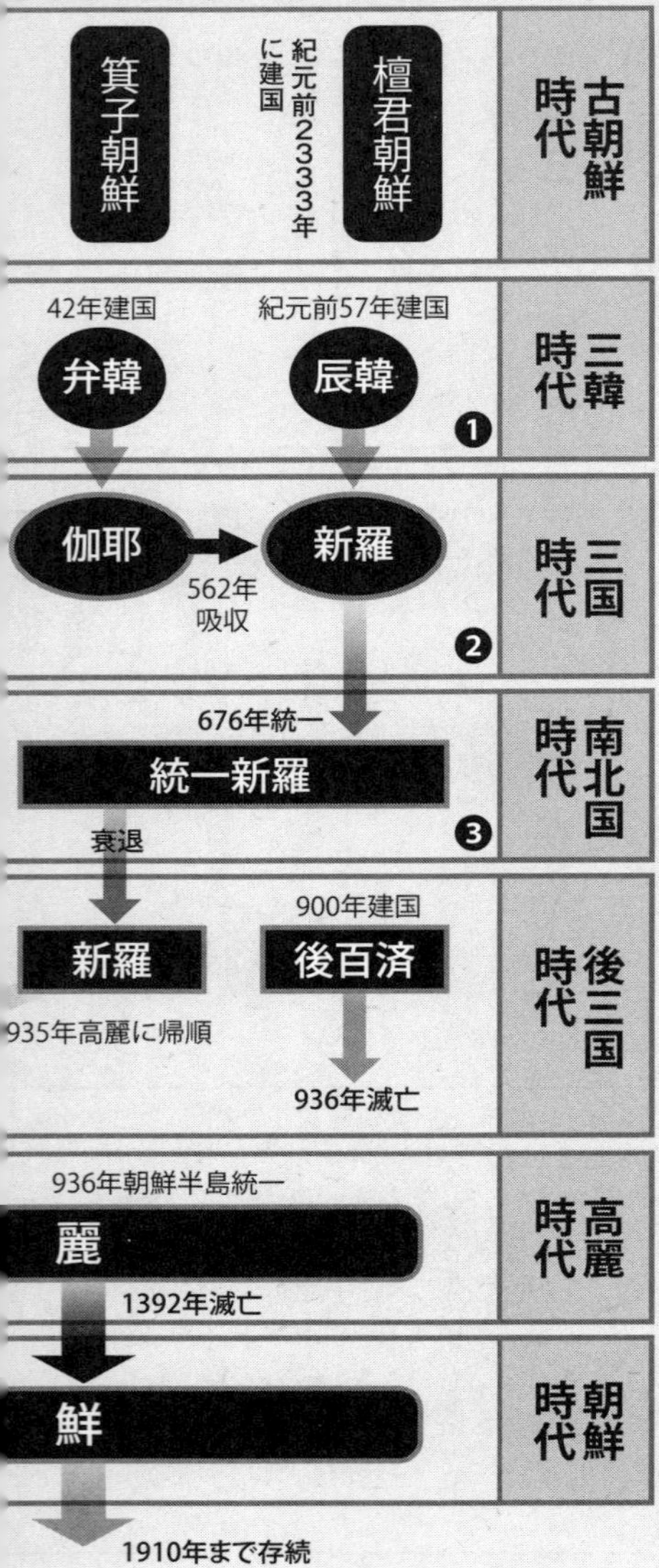
古朝鮮時代
檀君朝鮮
紀元前2333年に建国
箕子朝鮮
三韓時代
紀元前57年建国
辰韓
42年建国
弁韓
❶
三国時代
伽耶
562年吸収
新羅
❷
南北国時代
676年統一
統一新羅
衰退
❸
後三国時代
900年建国
後百済
936年滅亡
新羅
935年高麗に帰順
高麗時代
936年朝鮮半島統一
麗
1392年滅亡
朝鮮時代
鮮
1910年まで存続

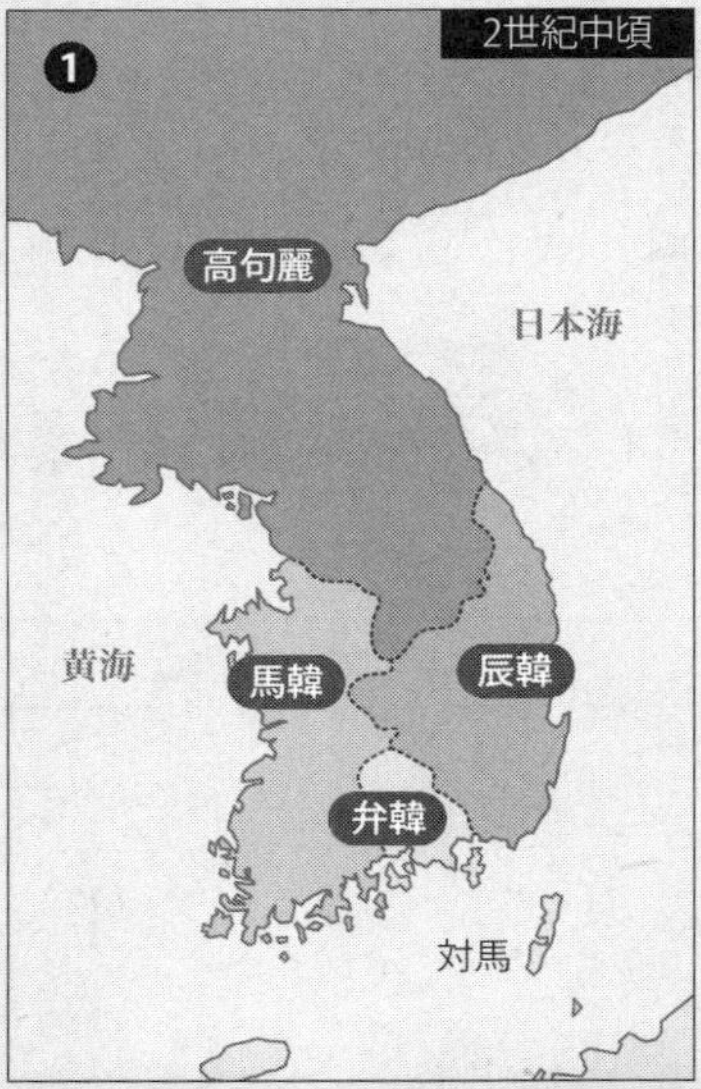
2世紀中頃
❶
高句麗
日本海
黄海
馬韓
辰韓
弁韓
対馬

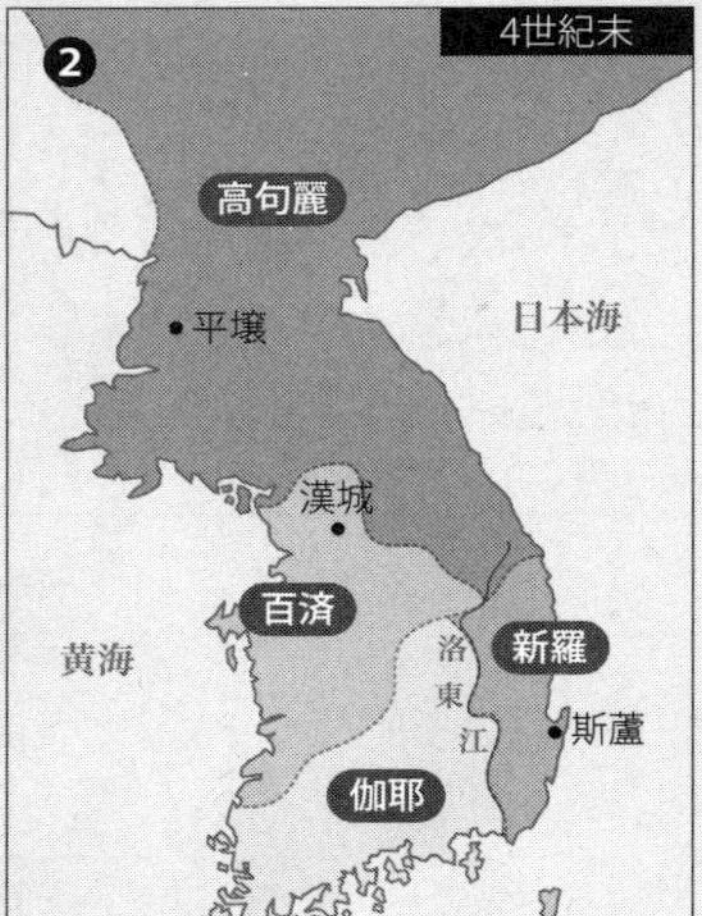
4世紀末
❷
高句麗
平壌
日本海
漢城
百済
黄海
洛東江
新羅
斯蘆
伽耶
対馬

# 朝鮮半島における国々の変遷

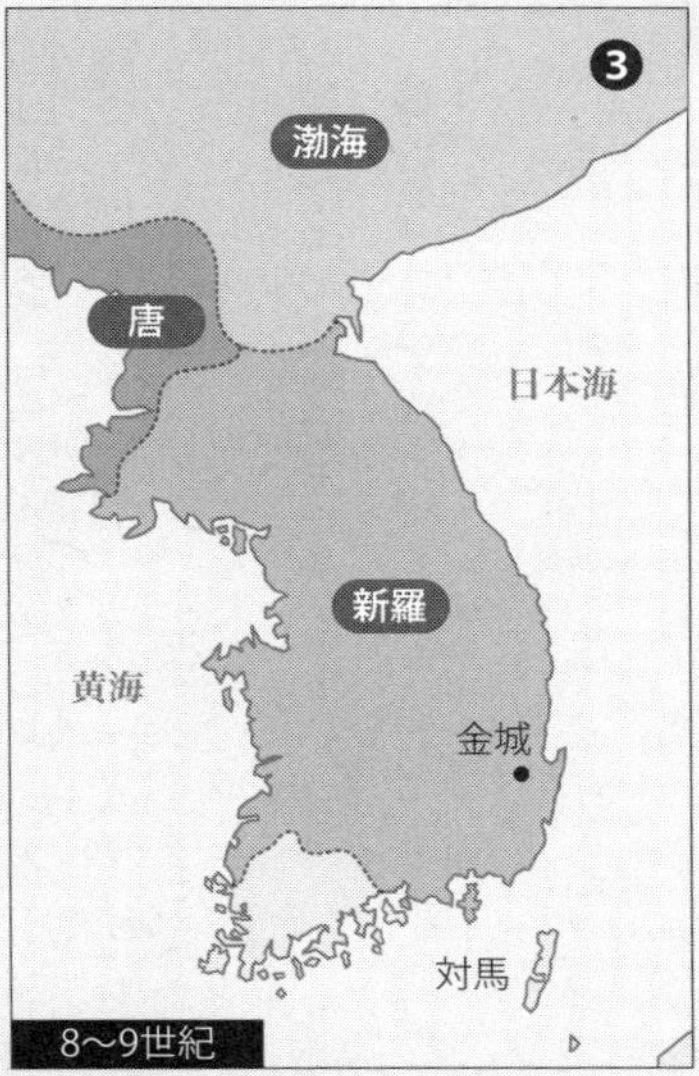


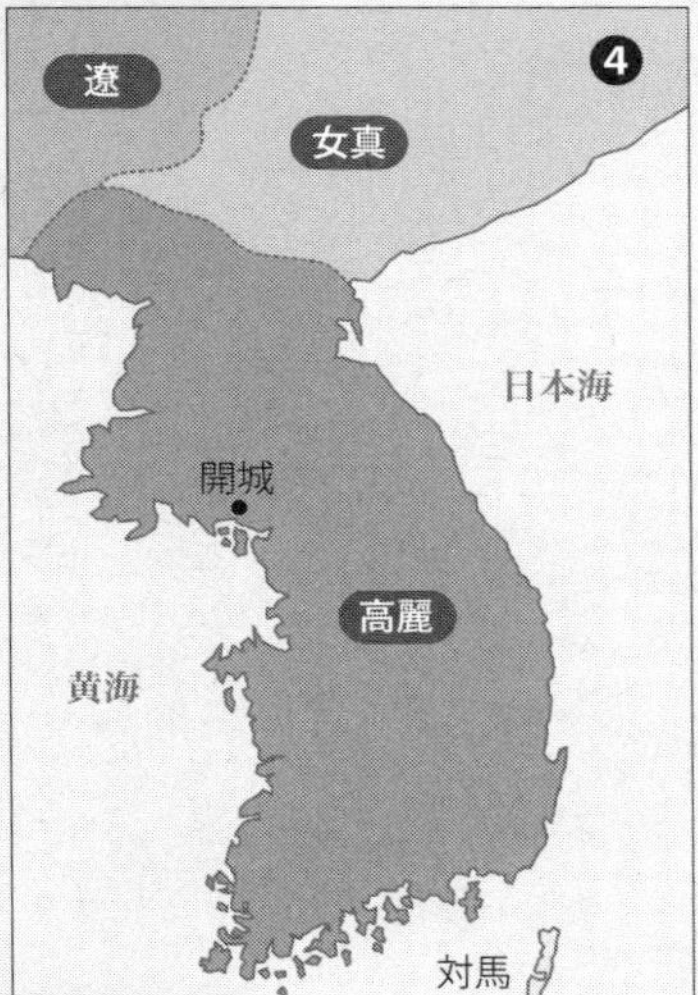


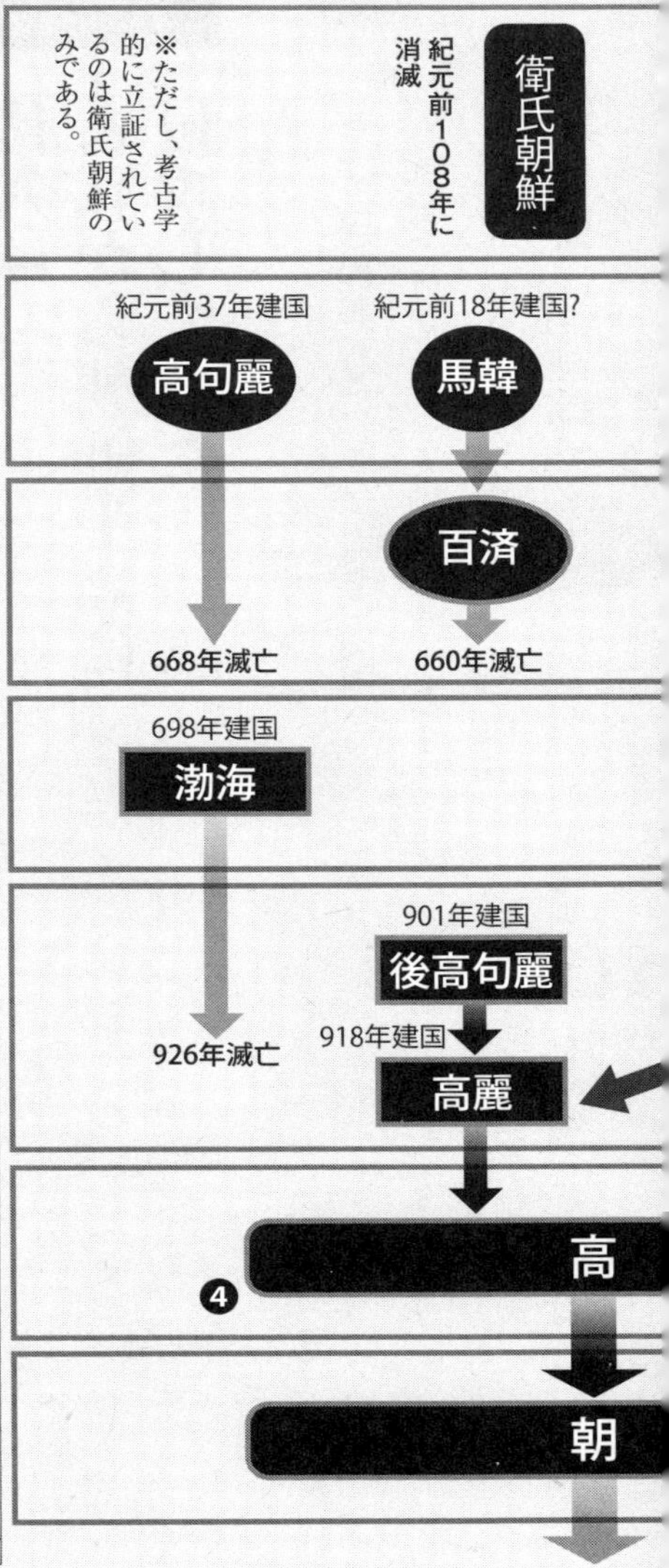

古代日本は最強の「侵略国家」だった⁉《反日▲▼嫌韓　ここからはじまった》◉目次



《第一章》

# 倭人は古代から朝鮮半島に侵攻していた

## 《第二章》

# 新羅と出雲、そして伽耶の繁栄と交易

《第三章》

# 『日本書紀』に見る任那の盛衰と倭国

## 《第四章》

# 地形と青銅器に見る朝鮮半島と倭人



## 《第五章》

# 東アジアの文明と倭人・倭族

《第六章》

# 朝鮮半島、倭国に伝播していった古代文明

# 《第七章》

# アジア地域の侵攻と交流の発展史

装幀◎笹森 識
本文デザイン・DTP・図版作成◎サッシイ・ファム

# 《第一章》

# 倭人は古代から朝鮮半島に侵攻していた

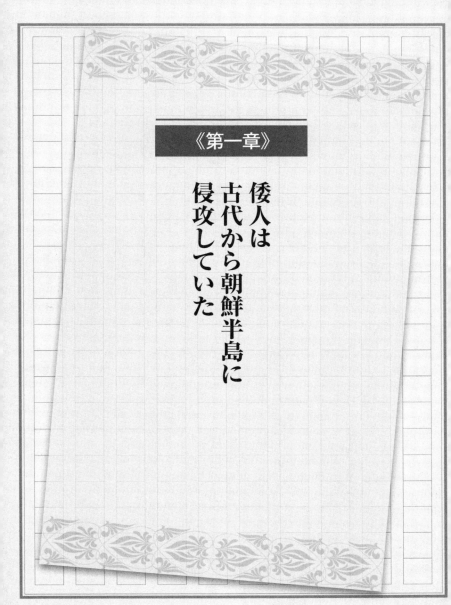

## 『三国史記』等に見る三韓と倭国

朝鮮半島の歴史を綴った『三国史記《さんごくしき》』を見てみると、驚きの記述があることに気づく。『新羅本紀』の紀元前50年の条に「倭人《わじん》が軍隊をつらねて、辺境を侵犯しようとしたが、始祖赫居《かくきょ》《ヒョッコ》世《せい》《セ》王には、威徳があると聞いて引き返していった」とあるのだ。倭、すなわち日本は、紀元前の昔から朝鮮半島への進出を企てていたというのである。日本は、邪馬台国ができる二百数十年も昔から侵略国家だったということになる。この記述、果たしてどれほど信頼のおけるものなのだろうか？

これらの謎を解くために、まずは、古代における朝鮮半島の歴史を振り返ってみることにしよう。

朝鮮の開国は紀元前２３３３年10月３日であるという。この日、天孫檀君《だんくん》《タングン》が平壌に下り、国を開いたといわれているのだ。無論、神話なので、具体的な暦年に意味があるわけではない。

この檀君は、その後１５００年間にわたって朝鮮半島に君臨したという。そして次に檀君に代わって半島を統治するようになるのが箕子《きし》《キジャ》である。箕子は、元々中国の王朝・殷《いん》の最後の皇帝紂王《ちゅうおう》の叔父であった。彼は、暴政をおこなっていた紂王をしばしば諫めたのだが、諫言は用いられずにかえって幽囚されることになる。やがて殷が周によって滅ぼされると、箕子は朝鮮に亡命。「箕子朝鮮」と呼ばれる国を建てたという。とはいえ、この箕子朝鮮あたりまでは、いまだ神話の要素が強く、歴史的な事実を当てはめるのは難しいともいわれている。

紀元前195年、当時箕子朝鮮を治めていた準王《じゅんおう》のもとに、中国燕《えん》の国から亡命者がやってきた。名を衛満《えいまん》《ウィマン》という。数千の兵を率いてきたこの武将を準王は厚遇したのだが、それは後に過《あやま》ちだったと気づくことになる。翌年、国境守護の任務を帯びていた衛満らは、急遽準王の居城を襲い、一気に箕子朝鮮を滅亡させてしまう。こうしてできた新しい王朝を衛氏《えいし》朝鮮という。細かい伝説は別にして、この衛氏朝鮮こそ、実在が確実視される最初の朝鮮王朝といわれている。

この衛氏朝鮮の勢力範囲は朝鮮半島北部であり、半島南部は、まだ国らしきものができはじめた状況である。その中には、箕子朝鮮から追われるように逃れてきた準王が建てた国などもあったともいわれている。

箕子朝鮮から覇権を奪った衛氏朝鮮であったが、その栄華の時は短かった。紀元前108年、巨大な中国王朝・漢帝国の侵略によりあっさりと崩壊の時を迎えてしまったのである。その後、朝鮮半島北部は漢の直轄地となり、楽浪《らくろう》郡らが置かれて統治されることになる。

半島南部では、徐々に小さな国が産声をあげつつあった。冒頭の記事に登場する新羅《しらぎ》《シルラ》の始祖・赫居世は、紀元前57年4月丙辰《ひのえたつ》の日に即位したとされている。当時、赫居世は13歳で、姓は、朴。朴氏の始祖である。

これに従えば、新羅は紀元前57年に建国されたということになる。もちろん、当時の呼び名は新羅ではなく辰韓《しんかん》であったはずである。このころ、朝鮮半島南部は、「三韓《さんかん》」と呼ばれる馬韓《ばかん》・辰韓・弁韓《べんかん》という小国家の連合体に分かれていたのである。これが、それぞれ百済《くだら》《ペクチェ》、新羅、伽耶《かや》の前身である。

一方、漢の直轄地である朝鮮半島北部のさらに北方、中国東北部には、紀元前37年、高句麗《こうくり》《コグリョ》が建国されている。新羅（辰韓）建国より20年ほど後のことになる。この高句麗はツングース族の濊族《わいぞく》または貊族《はく》が立てた国という。ツングース族とは満州からシベリア、極東にかけて住んでいた民族のことをいい、濊族・貊族などに分けられている。このことから、濊貊族《わいはく》といわれることもある。

高句麗に関して『魏志《ぎし》』「東夷伝《とういでん》」には、「前漢末期から貊族は朝鮮半島の北部で勢力を拡大していた。貊族は、農耕・狩猟生活を営んでいる。また、性格は荒っぽく戦いに慣れて、略奪を好んだ」とある。高句麗が好戦的であったことがわかる。しかし、これは、約３００年後に書かれたものである。後漢、三国時代の魏、晋という時代には、高句麗との間で幾多の戦いが繰り返されてきた。こういう背景もあり、「性格は荒っぽく…略奪を好んだ」と書かれたのではないだろうか。

ちなみに、建国から350年ほど経った313年、徐々に半島への進出を続けていた高句麗が、中国最後の拠点楽浪郡を支配し、長年にわたる中国の朝鮮半島支配に終止符を打つことになる。ここから高句麗はさらに南下を続け、朝鮮半島南部の百済・新羅・伽耶および倭に対する影響力を行使しはじめていく。その後、7世紀になると、中国王朝である唐と組んだ新羅が力をつけ、朝鮮半島南部を支配。さらに高句麗も破り、朝鮮半島をほぼ統一することに成功するのであるが、それについては、後述することとしよう。

いずれにせよ、紀元前の昔から高句麗による南下がはじまる4世紀前半まで、朝鮮半島の南部には馬韓・辰韓・弁韓という小国家の連合体があった。これらの国々について書かれた本に、先述の『三国史記』や『三国遺事《いじ》』がある。

『三国史記』は、「高麗」時代の貴族であった金富軾《きんふしょく》《キムプシク》が編纂《へんさん》したという。新羅寄りの記述が多い歴史書とされている。1142年から編纂され、3年経った1145年に仕上げられた全50巻の歴史書である。16世紀のはじめには木版で印刷され広まったという。この書は朝鮮半島に現存する最古の歴史書といわれているが、いくつかの散逸した書を参照して仕上げたともいわれている。3年という編纂期間がそれを表わしているように思える。一から書き下ろしたのならば編纂期間があまりにも短いと思われるからである。

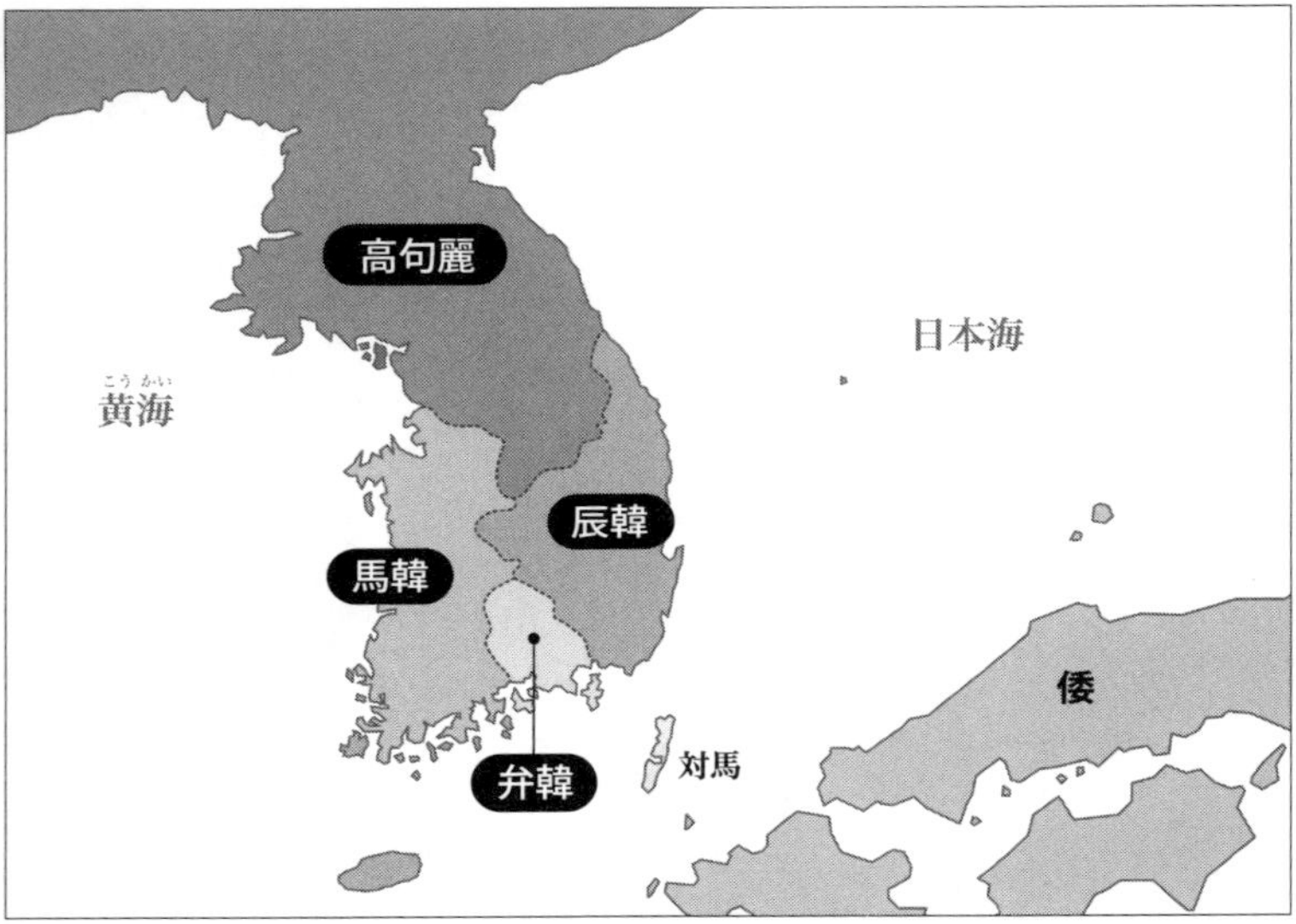


2世紀中頃の朝鮮半島

一方の『三国遺事』は、13世紀末、高麗《こうらい》の高僧一然《いちねん》《イルヨン》によって書かれた史書である。一然の没後は弟子によって引き継がれ1280年に刊行されたという。全5巻と王歴《おうれき》の年表がついている。同じ高麗時代に編纂された『三国史記』に次ぐ古文献である。最初の2巻には、朝鮮の伝説上の始祖である檀君神話からはじまり後三国時代までが著述されている。残り3巻は、仏教の説話集となっている。これも、16世紀のはじめに木版で印刷されたという。

これらの書のほかに、中国の歴史書である『魏書』の中の「東夷伝」倭人の条（通称『魏志』「倭人伝」）にも、三韓のことが書かれている。

この三韓の地は、かつて「辰国《しんこく》」とも呼ばれていた。『魏書』「東夷伝」の弁辰の条に、「三韓は古く辰国として統一されていた。三韓分立後に、弁韓・辰韓は馬韓から分かれた」とある。『後漢書』「東夷伝」の韓の条では、「馬韓は最大（三韓）、共にその種（馬韓）をたてて辰王となし、月支《げっし》国を都とし、三韓の地の王となる〔※（ ）内は著者による補足〕」ともある。つまり、「辰国」とは、馬韓・弁韓・辰韓からなる「三韓」を統一していた国号であり、その王には馬韓（後の百済）の王が立っていたというのである。

三韓の1つ、辰韓（後の新羅）ははじめ6国であったが、分かれて12国となっていく。この辰韓は、圧政から逃れてきた中国・秦人《しんじん》がおこした国だともいわれている。辰韓の「辰」は「秦」から名付けられたという説もあるのだ。

もう1つの三韓、弁韓（後の伽耶）も12国であった。つまり、弁韓と辰韓を合わせて24国となる。大国順にその支配者を、臣智《しんち》、険側《けんそく》、樊濊《はんわい》、殺奚《さっけい》、邑借《ゆうしゃく》などといった。おおよそ4万〜5万戸あったという。このころの馬韓の北寄りには、中国の文化があったが、南部に至れば、そこは、囚人や奴隷の集まったようなところであるといっている。また、弁韓は辰韓の人と入り混じって生活をしていた国でもある。また、他に小さな別邑《べつゆう》という小国もあった。

紀元前20年、辰韓の赫居世王は、臣下の瓠公《ここう》《ホゴン》を馬韓に派遣した。目的は何だったのであろうか。瓠公の言い分は、「国が豊かになりました。人民も皆、喜んでいます。人民が王を敬っています」であったという。つまり、辰韓が富国強兵を実現したことを伝えにいったと思われる。つまり、馬韓の世話にならず「辰韓は独り立ちします」といい、以降は、対等の関係なので貢物《みつぎもの》はしないということを宣言したのである。

ここで、辰韓からの使者、瓠公が何者であるかをいっておこう。実は、瓠公は倭人なのである。詳しくは後ほど触れることにしよう。

瓠公の言い分に対し、馬韓の王は、瓠公を責めてとがめた。「辰韓と弁韓の二韓は、私の属国なのだ。何故、貢物を、毎年、もってよこさぬ。大国に仕える礼儀は、そのようなものではないか」といい、瓠公を睨《にら》んだ。瓠公は、怯《ひる》むことなく、「わが国は、二聖（始祖赫居世と妃閼英《あつえい》）が国を建ててから、よく世を治め、天候にも恵まれ、穀倉も充《み》ち、民は敬い譲り合っています。この名声は、辰韓の遺民はもとより、弁韓・楽浪・倭人に至るまで、敬い懐《なつ》かないものはありません。わが君は、それでも謙虚であらせられ、このように臣下を遣わし修交を願われました」といったという。

「修交を願った」というのだから、これまで馬韓と辰韓は断交していたのであろう。そして、久しぶりに辰韓から使者が来たと思ったら、貢物どころか「対等」の関係を要求してきたわけである。これを聞いた、馬韓の王が激怒したのも当然であろう。武器を手にしたとあるが、おそらく剣を抜いたのであろう。そして、剣を瓠公の首筋に近づけた。しかし、瓠公は恐れることなく、「これは、どういうことですか」といった。馬韓の王は、そのまま剣で刺し殺そうとしたが、近臣が、それを諫《いさ》めとどめたという。こうして、瓠公は帰国を許されたのである。

その後、馬韓は滅びる。高句麗が分かれでたもとの扶余国《ふよこく》の王族が馬韓に移住してきたからである。こうしてできたのが、百済である。当然、馬韓の滅亡によって、馬韓から王を立て三韓を統一した辰王という制度は途絶えたのである。

## 瓠公とは、どんな人物だったのか

この瓠公という人物のことが、『三国史記』新羅本紀の中に登場する。それには、瓠公の族姓はわからないが、彼の一族（祖先）は、元倭人であって、「瓠《ひさご》」を腰につけて、海を渡って来たとある。だから「瓠公」と名がついたという。瓠とはひょうたんのことである。その当時、瓠は珍しかったのであろうか。瓠には水か酒かあるいは穀物が入っていたのかもしれない。

当時、船での移動は命懸けであった。死の危険に直面することも頻繁にあったはずである。しかし、瓠公の一族は命からがらの渡海にもかかわらず、無事上陸して、君主に仕えることができたわけである。

ここで、「海」を渡って来たとあるが、3つの可能性が考えられる。1つには朝鮮半島北部から船で南部に来たと考えられる。また、朝鮮半島に近い中国大陸の山東半島からやってきた可能性もある。そして、最後の1つが、九州北部からやってきたという説である。現在、その検証はできない。いずれにせよ瓠公は、上記3つの地のいずれかから海を渡ってきた人々の末裔なのであろう。

このころ、倭人が朝鮮半島の三韓（辰国）に住んでいたのではないかとする説がある。何故、三韓に倭人が住んでいるのであろうか。鳥越憲三郎氏の著書『原弥生人の渡来』『古代朝鮮と倭族』では、馬韓はじめ辰韓・弁韓は北方民族が支配していたとする説を否定している。つまり、中国からの移住者が三韓をおこしたというのだ。そして、弥生時代に日本に来た渡来人もまた北方系の民族の渡来ではなく、その三韓からの渡来であるという。というのは、日本に稲作を伝えた源流を辿《たど》れば、それは、中国にあった「越《えつ》」の国の人々であると推理しているからである。その越人が渡来したのは、紀元前5～3世紀ごろであろう。彼らは倭に居住し、その子孫がまた、朝鮮半島にある三韓に行ったと思われる。倭人は、三韓にも移り住んでいたのだ。つまり、倭人と三韓に移り住んだ民の先祖は同じということである。これら「日本人と先祖が同根」であり、同じ文化の範疇《はんちゅう》にはいる民族が、「倭族《わぞく》」と呼ばれているのだ。詳しくは、「中国からの渡来人が、日本と三韓に産業革命をもたらした」の項で後述するが、その前に三韓に移り住んだ倭族と推測できる人物のことを紹介しておくことにしよう。

## 脱解王は倭族なのか

『新羅本紀』には、「脱解《だっかい》は、本《もと》、多婆那国《たばなこく》の所生なり。其の国、倭国の東方一千里に在《あ》り（第一、脱解尼師今《にしきん》即位前紀）。」とある。

訳注によれば、脱解は、吐解《とかい》ともいい、新羅の第4代王（57〜80年）である。姓は昔《そく》、名を脱解《タレ》という。

脱解の生まれは、「多婆那国」とされている。多婆那国は日本の丹波国、但馬《たじま》国あるいは肥後《ひご》国玉郡とする説が有望である。音韻から解釈すれば、丹波国である可能性が高いといえよう。その他には、辰韓の小国ではないかという説もあるし、倭族の別の小国ではないかという説もある。

高濬煥《コジュンファン》著『「伽耶」を知れば日本の古代史がわかる』によれば、脱解王が即位したときはすでに62歳であったという。それならば、85歳まで王位にあったことになる。その出自については、『新羅本紀』とほぼ同様に「本来多婆那国で生まれた。その国は倭国の東北一千里のところにある」としており、多婆那国が具体的にどこにあるかについては触れられてはいない。

この脱解王には、興味深いエピソードも多いので、いくつか紹介しておこう。まずは、出生《しゅうせい》譚《たん》である。ある時、一羽の鵲《かささぎ》が鳴きながら、海上を流されている箱の周りを飛んでいた。その箱の中に赤子が入っていたという。それが後の脱解王である。それゆえ、「鵲」の文字から抜き出した「昔」の字を氏とし、箱を解いて出したので名を「脱解」としたといわれている。

また、脱解王には卵生伝説もある。「多婆那国の国王が女人国の王女を妻に迎えたが、子を身ごもって7年目に、大きな卵を1つ産んだ」というものである。国王は、「人間が卵を産むなど縁起のよいわけがない。直ちに捨ててしまえ」といったという。恐れていたのである。古代より卵から生まれて英雄が現れるという譚《はなし》がしばしばあるからである。中国には、玄鳥《つばめ》が産み落とした卵を呑み込んで妊娠した娘の子が、後に殷の始祖になったという譚がある。また、高句麗王の朱蒙《しゅもう》《チュモン》にも卵伝説がある。扶余国の王の侍女が「天上から鶏の卵ほどの大きさの気が、私の上に降りてきて、それで妊娠した」といったという譚があり、生まれた子が東明王であった。勇猛だったので、国王が恐れて殺そうとしたが、脱走して南にくだり後に扶余国を衰退へと導く高句麗をおこしたという。つまり、卵から生まれた者は、国を滅ぼす王になるという譚が伝説となっているのである。

脱解王には、出世に関する逸話もある。生育した脱解は育ての母を養っていた。その母が、「学を修め、功をたてなさい」といったので、彼は勉学に励み、とくに地理をよく学んだという。本当かどうかはわからないが、勉学に励んだ結果、博識となった脱解は二代新羅王南解王《なんかい》《ナムヘ》に認められ官職が与えられた。南解王の遺言は、「この国を年長者、賢明な者に任せよ」だったという。南解王の息子、儒理王《じゅり》《ユリ》は、この遺言を守り、危篤のとき、脱解に王位を譲ったといわれている。

『三国遺事』には、脱解王が伽耶の首露《しゅろ》《スロ》王と王位を争って敗北し、郊外の渡し場から船に乗って新羅の慶州《キョンジュ》に逃れた際に、首露王は、脱解王が留まって反乱をおこすのではないかと心配になり、軍船500隻を繰り出しその後を追ったというエピソードがある。なぜ、首露王は、敗走した男のことをそこまで恐れたのだろうか？

『新羅本紀』には、紀元前50年に倭兵が朝鮮半島に進出したことが多く書かれている。倭人が兵船、百余隻をくりだして海辺の民家を襲ったという。こうしたことはたびたび繰り返されていたと思われる。兵の移動や規模、または情報のやりとりの便宜からすれば、倭人の根拠地を半島、北九州、周辺国ばかりに限定する必要はないだろう。倭人は多島海、すなわち朝鮮半島南西部に点在する3000余の島々のどこかに軍港をもっていたという可能性もでてくるのである。近年、「海神《ヘシン》」という韓流ドラマが話題となった。統一新羅時代（676〜935年）の話であり、多島海に浮かぶ島々を根城にしていた海賊が海辺の民衆を苦しめるというものであった。ドラマでは、海賊が倭人であるという設定ではなかったが、多くの倭人や倭人の子孫が、この地域に住んでいたはずである。彼らは外交や通商などを中国人とともにおこなっていたと思われる。その中国人のなかにも倭人の後縁がいたという。

脱解王の出自が、「……その国は倭国の東北一千里」ということからすれば、三韓の小国を指すか、多島海であったということもできる。脱解王は、半島に移り住んでいた倭人であるとも推論できるのである。首露王が脱解王を恐れたのは、彼のもとに倭人勢力が結集して反乱をおこすのではと危惧していたからではないだろうか？

## 中国からの渡来人が日本と三韓に産業革命をもたらした

ここで、日本列島の方に目を移してみよう。日本の歴史書等にもわずかだが、中国や朝鮮半島との交流を見ることができるからである。

まず、『出雲《いずも》国風土記』には「古志《こし》の国の佐与布《さよふ》と云ふ人、来居りき」といった文言が見られる。この「古志の国」とは、北陸にあった「越《こし》の国」とする説も強いのだが、そうではなく、中国の「越《えつ》の国」を指すという説がある。日本には、中国から数度にわたり、多くの越人が渡来しているからである。

それでは、中国の越人はいつ、どうようにして日本に渡来してきたのであろうか。

日本列島に最初に住みついたのは、まだ大陸と地続きだった時代に移動してきた、古モンゴロイドと呼ばれる民族である。長い年月の後、新モンゴロイドと呼ばれる民族が、数回にわたり、海を越え日本にやってきた。

この新モンゴロイドの渡来時期を4つに分けてみると、第1波は紀元前5世紀における越人の渡来である。その頃、中国大陸で越国が楚《そ》国に滅ぼされたため、越人は黄海《こうかい》を渡り朝鮮半島の南部に住みつき、これらの地の中国化を進めたともいわれている。そして、その中の一部の人々は、さらに海を越え、日本列島に移り住んだという。こうして渡来してきた第1波の新モンゴロイド（越人）から稲作技術が伝わり、日本で第1次産業が発達したのである。さらに、紀元前3世紀、燕国が朝鮮半島の三韓を含む真番《しんばん》郡まで勢力を伸ばし、これに追われるようにして、ここに住み着いていた越人が、またもや日本列島にやってきた。これが、第2波の渡来となった。

これら第1波、第2波の新モンゴロイド（越人）の渡来は、まさに弥生人の渡来であり、弥生時代の幕開けとしてみることができる。稲作・灌漑《かんがい》施設・金属器などが伝わり、第1次産業や第2次産業である製造業が発展したのである。

第3波は4~6世紀の渡来人の来日である。仏教・儒教・論語・易学・医学・養蚕《ようさん》・機織《はたお》りなどが伝わり、情報産業・教育などの第3次産業革命がおきた。第4波は7世紀、新羅による朝鮮半島統一前後の渡来である。百済人、高句麗人など多くの渡来人がやってきた。国づくりのインフラができあがったときである。彼らは、飛鳥時代の官職ならびに技術職・インフラ事業開拓の発展に寄与した。このころ、倭は律令制度を整えて国家体制を築いていたのである。

このように、当時は、中国王朝の内政の変化が東アジア情勢を大きく変化させていた。岡田英弘著『倭国』では、紀元前108年の前漢時代、漢の朝鮮半島征服の思いは凄まじく、真番郡には15の城郭がつくられ数万人規模の中国人が送り込まれたとしている。中国人は、朝鮮半島南部および北九州にコロニー（居留地：colony）をつくり貿易の仲介などに従事していたであろう。これらのコロニーでは中国語が公用語となっていたと考えられる。日本への漢字の伝来がヤマト朝廷ごろからとされているが、実際には紀元前に伝来していたと考えられる。

紀元57年、『後漢書』「東夷伝」には、「倭の奴国《な》、貢ぎを奉じて朝賀《ちょうが》す。（中略）光武《こうぶ》、賜《たま》ふに印綬《いんじゅ》を以《もっ》てす。」とあり、倭の奴国の王が後漢に朝貢し、光武帝は「漢委奴国王」の印綬を賜った。この当時は、前漢から新、新から後漢へと王朝が移って間もないころであった。新の時代では、「儒教」を柱にした政治がおこなわれた。理想を掲げた政策がことごとく失敗し、15年間で新は崩壊をむかえることとなった。新の王莽《おうもう》皇帝の在任途中で内乱がおこり多数の死者がでた。人口が半減したともいわれている。その後を受けた後漢の光武帝は、半島への直接支配をやめる政策転換を図った。そこで、半島の濊貊《わいはく》族や沃沮《よくそ》族に自治が認められ、それぞれに漢の冠位を与えるという時代背景があった。こういう時代の流れもあって奴国の王が「漢委奴国王」と認められたわけである。漢の習わしでは、郡の領主には「王位」が、県の領主には「候

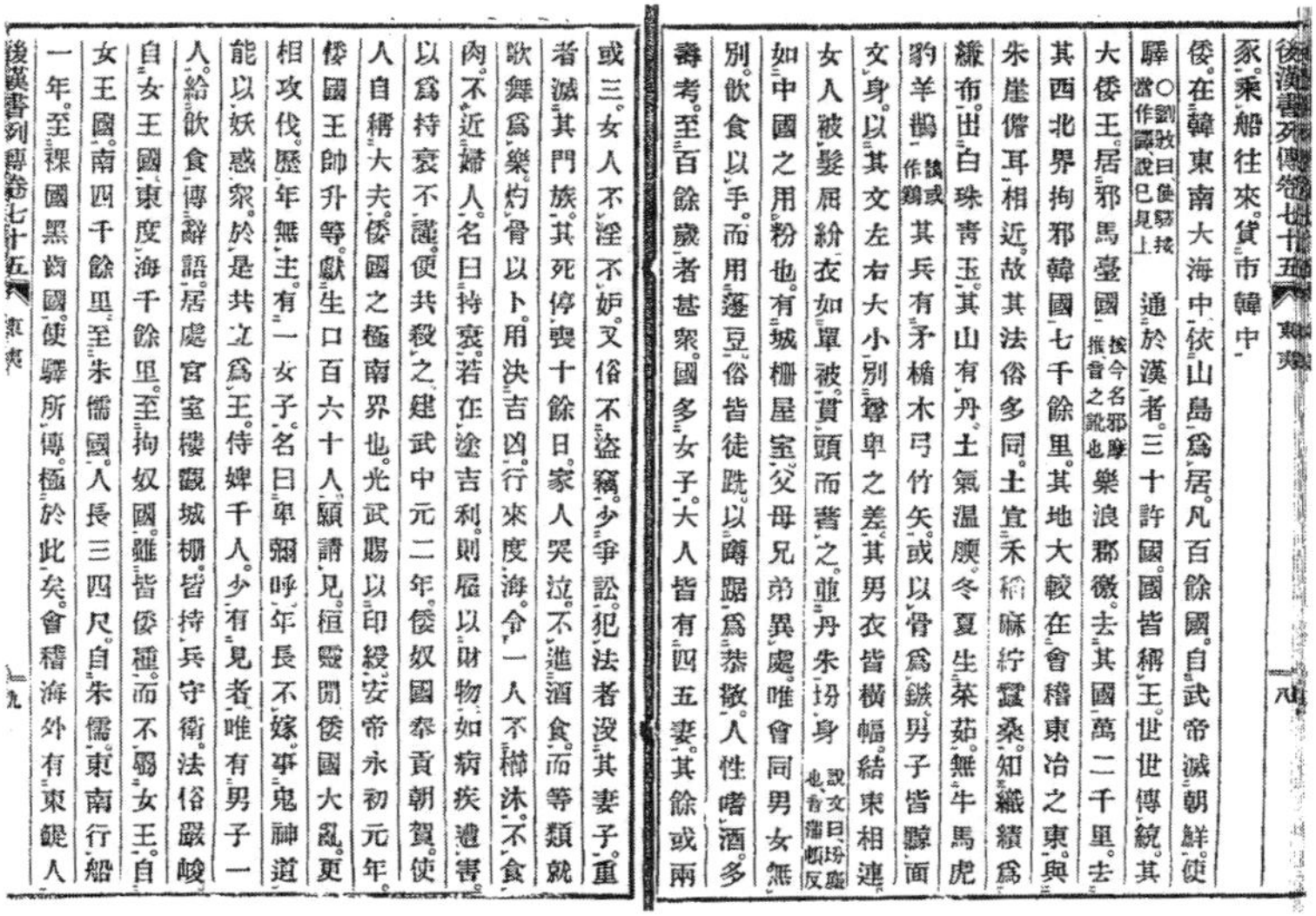

後漢書列傳卷七十五 東夷 八

豕。乘船往來貨市韓中。

倭在韓東南大海中，依山島爲居，凡百餘國。自武帝滅朝鮮，使驛（○劉攽曰倭驛按當作譯說已見上）通於漢者三十許國，國皆稱王，世世傳統。其大倭王居邪馬臺國（按今名邪摩推音之訛也）。樂浪郡徼去其國萬二千里，去其西北界拘邪韓國七千餘里。其地大較在會稽東冶之東，與朱崖儋耳相近，故其法俗多同。土宜禾稻麻紵蠶桑，知織績爲縑布。出白珠青玉。其山有丹，土氣溫腝，冬夏生菜茹。無牛馬虎豹羊鵲（鵲或作鷄）。其兵有矛楯木弓竹矢，或以骨爲鏃。男子皆黥面文身，以其文左右大小別尊卑之差。其男衣皆橫幅結束相連。女人被髮屈紒，衣如單被，貫頭而著之，並丹朱坋身（說文曰坋塵也音蒲頓反），如中國之用粉也。有城柵屋室。父母兄弟異處，唯會同男女無別。飲食以手，而用籩豆。俗皆徒跣，以蹲踞爲恭敬。人性嗜酒。多壽考，至百餘歲者甚衆。國多女子，大人皆有四五妻，其餘或兩或三。女人不淫不妒。又俗不盜竊，少爭訟。犯法者沒其妻子，重者滅其門族。其死停喪十餘日，家人哭泣，不進酒食，而等類就歌舞爲樂。灼骨以卜，用決吉凶。行來度海，令一人不櫛沐，不食肉，不近婦人，名曰持衰。若在塗吉利，則雇以財物；如病疾遭害，以爲持衰不謹，便共殺之。建武中元二年，倭奴國奉貢朝賀，使人自稱大夫，倭國之極南界也。光武賜以印綬。安帝永初元年，倭國王帥升等獻生口百六十人，願請見。桓靈間，倭國大亂，更相攻伐，歷年無主。有一女子名曰卑彌呼，年長不嫁，事鬼神道，能以妖惑衆，於是共立爲王。侍婢千人，少有見者，唯有男子一人給飲食，傳辭語。居處宮室樓觀城柵，皆持兵守衞。法俗嚴峻。自女王國東度海千餘里至拘奴國，雖皆倭種，而不屬女王。自女王國南四千餘里至朱儒國，人長三四尺。自朱儒東南行船一年，至裸國、黑齒國，使驛所傳，極於此矣。會稽海外有東鯷人

後漢書列傳卷七十五 東夷 九

『後漢書』「東夷伝」奴国王の朝賀の記事が見える。（国立国会図書館蔵）

位」が与えられていたのである。朝鮮半島から中国の役人がいなくなっても、多くの中国人、倭人系中国人、倭人などの住民・商人がそのまま残っていた。貿易などはいまだ漢の保護下にあったのである。

むろん、朝鮮半島にも中国から難民が多く押し寄せた。まずは、馬韓が築かれる朝鮮半島南西部に、山東半島から船で越国を脱出した人々がやってきた。しかし、その後の難民は、真番郡にある辰韓に集まるようになったと思われる。そうして、馬韓は取り残されていくようになった。馬韓は、戦いに慣れていないし、城郭をつくるよりは、農地をつくることを重要視したと思われる。なぜなら、戦火を逃れて山東半島からやってきた人々だったからである。第一目標は、食料と住居であっ

たはずである。次は街や都市建設であったが、後続移民は真番郡に移住していく。これによって最新の中国文化が馬韓には伝えられなかった。馬韓に城郭がなかったという理由はここにあるのではないだろうか。こうして、しだいに辰韓が強国となっていった。強弱が逆転していったのである。辰韓の真番郡にある洛東江《らくとうこう／ナクトガン》は、伽耶から倭国、東南アジア、世界へとつながる大きな貿易センター基地になっていたと推測できる。そして、このころ、辰韓の使者である瓠公が強気な態度で馬韓を訪問したわけである。

## 馬韓は北方民族が支配した？

馬韓の王が、辰国の王（辰王）として、辰韓、弁韓を含む三韓を統一していたのは、どの時代までであろうか。

馬韓の国号が、百済に変わるのは4世紀に入ってからである。このときが、馬韓の終わりとみてよいのではないか。このころ、中国に住んでいた秦・越・呉《ご》の遺民が山東半島から海を渡って、あるいは遼東をへて馬韓にやってきたのである。多くの遺民が中国から馬韓へと移動してきたという説は、朝鮮の中国崇拝の現れとする向きもあるが、陸つづきなので遺民の移動がおきるのは必然だったともいえよう。

馬韓の滅亡は、高句麗が分かれでた、もとの扶余国の王族が馬韓へ侵入したことによるものであるという。彼らは何故、馬韓に進撃したのであろうか。

第1の理由としては、馬韓は三韓を支配してはいたが、辰韓・弁韓のように城郭をもっていなかったこと。また、中国化が遅れていたこと

第2の理由は、楽浪郡と馬韓との亀裂があったこと

第3の理由は、扶余国の皇子が帯方郡に亡命したこと

などを挙げることができよう。

そのころ、中国では東晋（317～420年）が建国されていた。『晋書』には、「（372年）正月、百済・林邑《りんゆう》王、各々使を遣わして方物を貢《こう》す。」とある。ここに、「百済」という国名がでてきているが、もっと以前から百済はあったと思われる。

313年、高句麗が楽浪郡・帯方郡を攻略した。それは、中国による朝鮮半島支配が終わったことを意味した。これを境にして、朝鮮半島南部は、三韓時代から百済・新羅・伽耶の三国が並立する時代に入っていたと考えられる。また、そのころ、西晋は衰退し、東晋も建国されたばかりであって混乱が続いていた。百済の建国はこのような時代背景の中、おこなわれたものと推測できよう。

それよりも60数年も前に当たる247年に、日本の邪馬台国の女王、台与《とよ》が中国の魏（220

～265年）に朝貢している。また、誰かは不明とされているが、266年にも西晋に朝貢をしている日本人がいた。おそらく台与であろう。ところが、4世紀に入り、高句麗によって朝鮮半島の北部が支配されたために、邪馬台国は中国への交易路を寸断されてしまった。こうして、中国という後ろ盾をなくしたことによって、邪馬台国は衰退。代わって台頭するのが、ヤマト朝廷である。

譚を中国と朝鮮半島の関係に戻すと、西晋では、永嘉《えいか》の乱（307～316年）がおき、華北の匈奴《きょうど》の首長劉淵《りゅうえん》が中心となって洛陽《らくよう》を没落させた。これによって西晋は南に逃れ、東晋（都・健康）を建国（317年）する。一方、華北では、匈奴・羯《けつ》・鮮卑《せんぴ》・氐《てい》・羌《きょう》などの騎馬遊牧民族が互いに覇権を争う五胡十六国時代（304～439年）が始まっていく。約130年間、戦乱の時代が続くことになる。このように、中国が大きく揺れ動いていることに乗じて高句麗は楽浪郡・帯方郡を攻め取ることができたのであろう。

しかし、その後、中国古代の東部モンゴリアにいた遊牧民の鮮卑族が五胡時代に台頭しはじめ華北がますます混乱していく。その族長であった慕容皝《ぼようこう》は遼東の西一帯を支配し、前燕《ぜんえん》王（337年）となる。5年後の342年の冬、燕王、慕容皝は高句麗の脅威を取り除くために、自ら軍の先頭に立ち、精鋭部隊を率いて高句麗を攻略した。このとき、高句麗の故国原《ここくげん》《コググオン》王は間一髪で危機を脱することができたのだが、王母、皇后は燕に幽閉され、5万人の民が捕虜となったといわれている。そればかりではなく、高句麗王乙弗利《いふつり》（美川王《びせん》《ミチョン》）の墓の屍《しかばね》までも持ち去られ、王宮は焼きはらわれ、都である丸都《がんと》は破壊しつくされたという。
その前後、西晋の末期、帯方郡に亡命者が舞い込んでいた。それは、高句麗が分かれでた、中国東北部にあったもとの扶余という国の王族の皇子であり、自国を騎馬遊牧民によって滅ぼされたため、この地へ逃れたのである。西晋はこの皇子を受け入れ、帯方郡に接している馬韓攻略を命じたのであろう。皇子らは、西晋の楽浪郡・帯方郡の軍勢の協力を得て一気に馬韓を討ち滅ぼした。その後、国号が百済に変わったわけである。これは4世紀の初めから中盤の出来事だとされている。百済は、馬韓の形跡をすべて焼き払ったのではないだろうか。というのは、馬韓の歴史や文化を示すような書物などが何も残っていないからである。馬韓には倭人もいたはずであるが、闇の中に葬り去られたのである。

しかし、一方で、百済の国号は、紀元前18年ごろにつけられたとする説がある。その譚はこうである。高句麗の始祖、朱蒙王のとき、ともに建国を助けたのは召西奴《ソソノ》という女性であった。卒本《そつほん》《チョルボン》の延陀勃《ヨンタバル》の娘であり商才に長《た》けていた。玄菟郡の沃沮《よくそ》などへ行商に行き、財を蓄え高句麗建国を支えたという。しかし、朱蒙王の第一夫人の礼氏《イェ》（皇后）の息子、瑠璃《るり》《ユリ》が太子となったのをきっかけに、召西奴は、優台《ゆうだい》《ウテ》との間に生まれた子ども、沸流《ふつりゅう》《ピリュ》と温祚《おんそ》《オンジョ》（一説によると、温祚の父は、朱蒙王であるともいわれている／参照：高濬煥《コジュンファン》著『「伽耶」を知れば日本の古代史がわかる』）をつれ高句麗を去っていくことを決めた。旅立つ前に、朱蒙王にその意を伝え多くの財が与えられたという。目指すは、馬韓であった。そのときの馬韓王が誰かは不明であるが、召西奴らには、馬韓の北西に地（領地？）が与えられたといわれている。その地に落ち着いた召西奴は国号をオハラ（紀元前32年）とした。女王は召西奴であったが、その跡を継いだのは沸流であった。彼は都を遷《うつ》して、その地を我々が知るところの「百済」とした。紀元前18年のことといわれている。しかし、それ以降、沸流は突然消息を絶ち歴史から消えていった。沸流の消息等は現在、韓国の古代史研究者の間でも、謎のままで歴史ミステリーとされている。その後、弟の温祚が百済王として君臨するようになるのであるが、「百済」を建国したのは、温祚ではなく、沸流だと考えられているようだ。

「百済」という国号の由来については、これからの研究に期待するところも多く、結論はでていない。しかし、前述のように、当時の東アジア情勢、特に中国から朝鮮半島への人の移動等を考慮に入れれば、4世紀初頭から中盤の扶余国の皇子の攻撃による馬韓の滅亡を、実質的な「百済の誕生」の契機と見るのが妥当なのではないだろうか。

## 《第二章》

# 新羅と出雲、そして伽耶の繁栄と交易

## ヤツカミズオミツノ命は新羅から国引きした!?

第一章では、古代の日本が、朝鮮半島に積極的に進出していたという証拠を『三国史記』などの中に求めてきた。しかし、日本の侵略の歴史を綴っているのは、海外の書物だけではない。『日本書紀』や『風土記』などの中にも、その痕跡は残されているのである。

第二章では、日本の神話、歴史書なども合わせて紐解《ひもと》きながら、東アジアの古代史の謎を探ってみることにしよう。

『出雲国風土記』の中にヤツカミズオミツノ命という神が登場する。この神は『古事記』では淤美豆奴神《おみずぬのかみ》と呼ばれており、スサノオ命の子孫であり、オオクニヌシ命の祖父に当たるとされている。そして、ヤツカミズオミツノは、『出雲国風土記』では、出雲の国土を創造した神として描かれているのだ。

ある時、ヤツカミズオミツノは、「八雲立つ出雲の国は、ネコの額（※著者注　原文は『幅の狭い布』）のように狭くて、まだ幼い国だなあ」といって、「はじめに国を、小さく作ったものだな。よし、それでは、縫い合わせて大きくすることにしよう」と思い立つ。続けて、「新

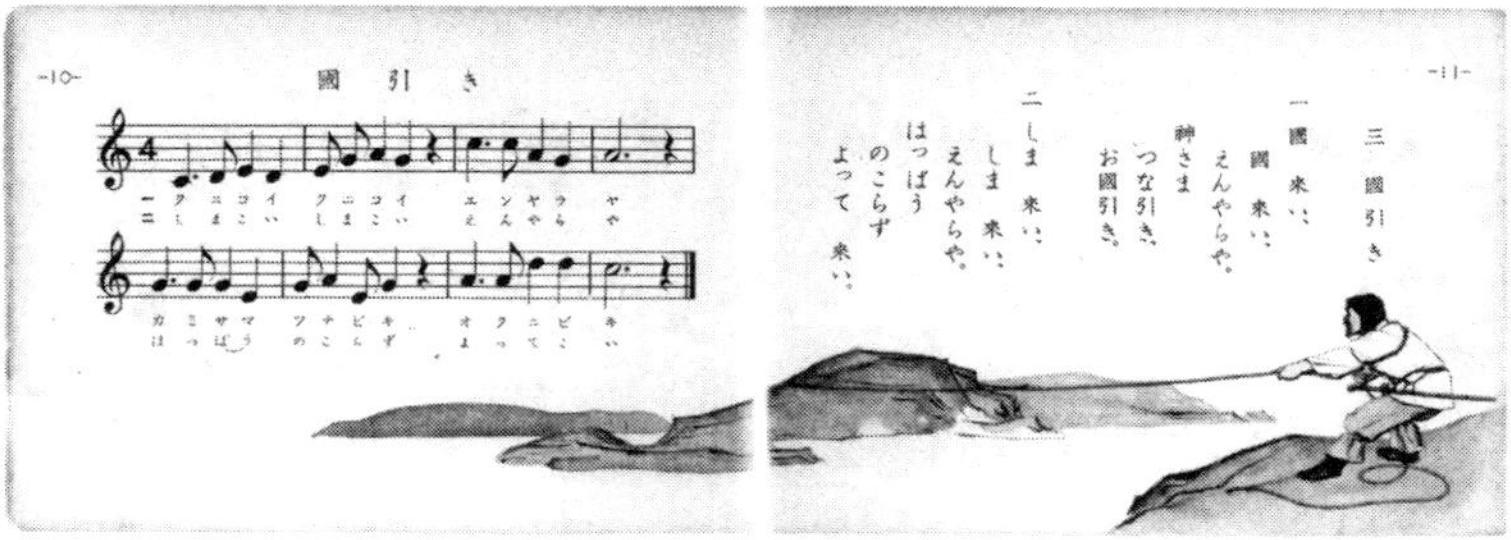

戦時中に文部省が出した『うたのほん』に掲載された『国引き』の歌（国立国会図書館蔵）

羅の御崎を見てみると、おお、余りがあるではないか」といって、童女のような胸鉏《すき》を手に取り、大魚のえらを突くように土地を切りとった」という。その土地を、ゆっくりとたぐり寄せつつ「国よこい、国よこい」といいながら引き寄せて国を大きくしたというのである。

この「国引き」神話が事実であれば、ヤツカミズオミツノは、なんと、朝鮮半島の新羅から、直接領土を割譲したということになる。これこそ、日本が古代において朝鮮半島に盛んに進出していたという証拠《あかし》なのではないだろうか？

この当時、神話の舞台である出雲大社は杵築《きづき》大社と呼ばれていたようである。通説では、杵築大社は、明治時代の１８７１年（明治４年）から出雲大社に改名されたことになっている。しかし、ヤツカミズオミツノは、国引きする地を「八雲立つ出雲の国」と呼んでいたわけであるから、杵築と名がつく以前からこの地が出雲の国と呼ばれていたのは間違いない。では、「出雲」とは何なのか。「出雲」とは出雲氏のことであり、その先祖は熊野大社を

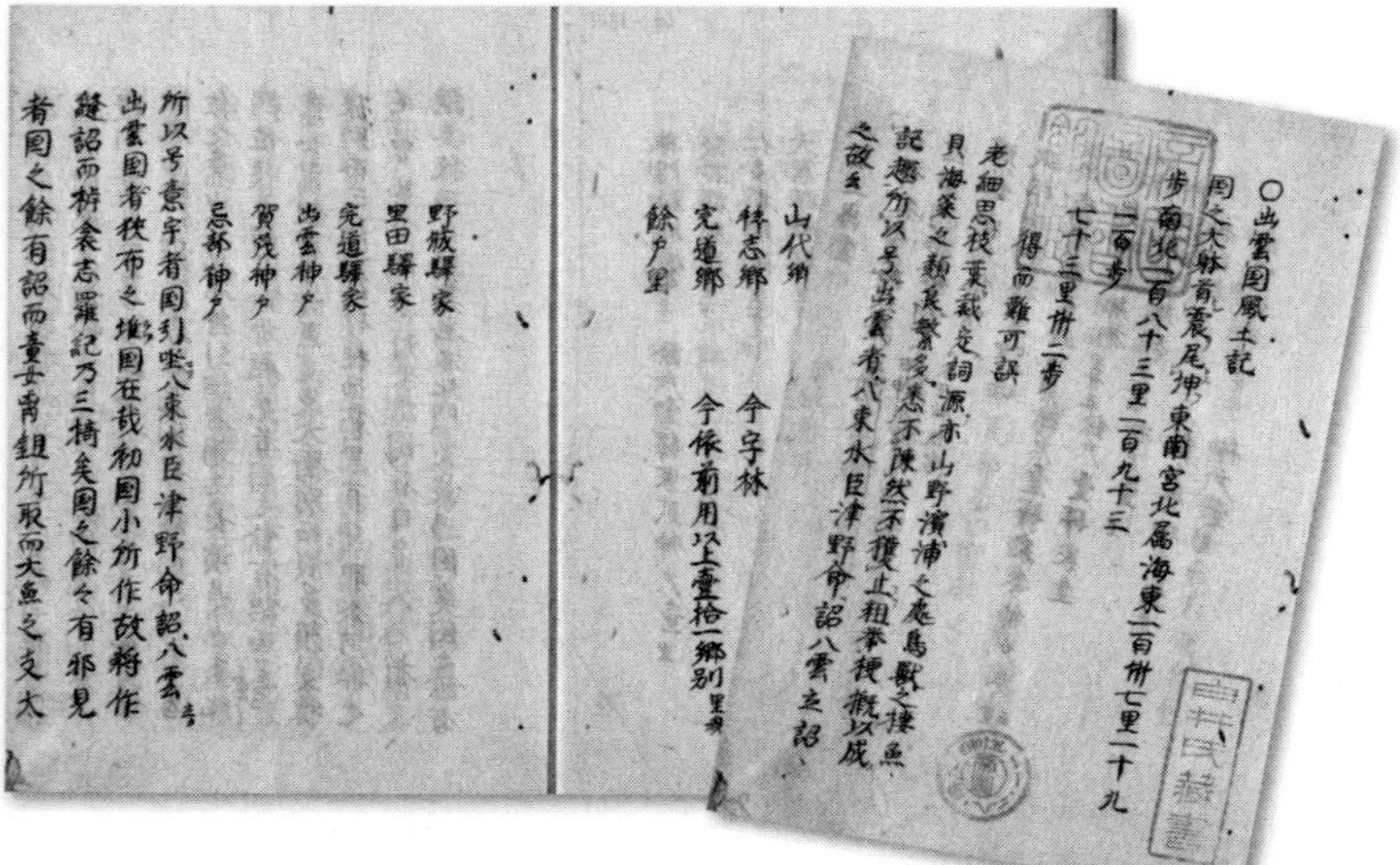

○出雲国風土記
国之大躰首震尾坤東南宮北属海東一百卅七里一十九
歩南北一百八十三里一百九十三
一百歩
七十三里卅二歩
得而難可誤
老細思枝葉裁定詞源亦山野濱浦之處鳥獸之棲魚
貝海菜之類良繁多悉不陳然不獲止粗挙梗概以成
記趣所以号出雲者八束水臣津野命詔八雲立詔
之故云

山代郷
拝志郷　今字林
完道郷　今依前用以上壹拾一郷別里参
餘戸里

野城驛家
黒田驛家
完道驛家
出雲神戸
賀茂神戸
忌部神戸
所以号意宇者国引坐八束水臣津野命詔八雲立
出雲国者狭布之稚国在哉初国小所作故将作
縫詔而栲衾志羅紀乃三埼矣国之餘有耶見
者国之餘有詔而童女胸鉏所取而大魚之支太

『出雲国風土記』江戸時代の写本。「八束水臣津野命」「八雲立」「国引」などの文字が見える。（国立国会図書館蔵）

祀る集団であったという。出雲氏は三柱の神の1つで、大神《おおかみ》と呼ばれ大きな権力をもっていたのである。

ヤツカミズオミツノの台詞の中に登場する「八雲立つ」の「八雲」とは、彼の祖先であるスサノオが詠んだ日本初の和歌とされる「八雲立つ出雲八重垣妻ごみに八重垣作るその八重垣を」に登場する言葉である。このスサノオは、ヤマタノオロチに脅えていた美しいクシナダヒメを救って妻に迎え、愛する妻を護るために幾重にも重なる垣根を作って御殿を建てたという。幾重にも重なる空の雲のように、幾重にも垣根で囲ったので安心だと表現している。つまり、敵の侵入を防御する厳重な垣根を造ったということであろう。

また、「八雲」を「焼雲」とし、「焼雲立つ出鉄《いずもの》」と解釈し、たたら製鉄を表わしているという説もある。これからすれば、垣根とは鉄を用いた垣根のようなものであったと想像できる。弥生時代の環濠集落のような環濠や柵列があったと思われる。宮の外の環濠には、逆茂木《さかもぎ》や無数の尖《とが》った鉄の杭《くい》があったのであろう。ここで鉄がとれることは、拙著『甦る「古代の王朝」』でも紹介している。このころの出雲は、いくつかの国に分かれて争っていたということであろう。

出雲が統一されるのは、ヤツカミズオミツノの孫にあたるオオクニヌシが登場してからである。それまでの出雲は、佐太、熊野、野城などの大神が権力をもっていた。スサノオ、ヤツカミズオミツノが来る前から大神がいたのである。ヤツカミズオミツノは、相当大きな巨人であった。巨人といっても、体が大きいのではなく、大きな権力をもった海神という意味なのであろう。古代の出雲は、新羅（辰韓）との交流が頻繁であった。東にある越（姫川流域）の翡翠《ひすい》をはじめ、多くの物資が出雲を中心にして北九州・朝鮮半島などで交易されていた。この当時、山陰の海岸では潟湖《せきこ》が発達し「翡翠の道」が開かれていた。出雲は大国として君臨していたと考えられる。

もちろん、スサノオ、ヤツカミズオミツノのころは、まだ出雲国の開拓期であったが、スサノオが、越から出雲の国を独立させ、後にたたら製鉄業を発達させた。そして、ヤツカミズオミツノが新羅から技術職・農業・中国文化をもたらし国を豊かにしていった。農業では、新しい鋤ができた。『出雲国風土記』にも「童女《をとめ》の胸鋤《むなすき》所取《と》らして」という表現があるが、これは鋤の大きさを表わしたものだ。若い女性の胸の広さほどもある、とても広く幅のある鋤だという意味である。鋤は、土をすくって、ひっくり返して雑草の根を切ったり、土砂を寄せたりする便利な道具である。このような道具を製造する能力があったのであれば、おそらく農業生産は伸びたであろう。出雲と新羅、北九州との交易は、穀物と鉄や勾玉《まがたま》、調度品などが主要品目であったと思われる。

## 日本の国土を変えた渡来人イタケルの植林

ヤツカミズオミツノは、「国引き」をおこない、オオクニヌシは「国譲り」をおこなった。どちらもよく知られた神話である。スサノオは、海人にはならなかったが、新羅と出雲国とを隔てている日本海を何度か行き来したのであろう。スサノオは、土の船に乗って新羅のソシモリの地から斐伊《ひい》川の上流にある鳥髪《とりかみ》の峰の地に到ったという。

スサノオは子のイタケル、妹のオオヤツヒメ、ツマツヒメを連れて来ている。肝心のヤマタノオロチ退治のときには登場しないのだが、イタケルと妹2人は、日本の国土に大きな影響を及ぼしている。彼らは、新羅のソシモリにいたころ木々の知識を学び、多くの樹種を集めたと思われる。そして、その樹種を、朝鮮半島にまくことなく、日本にもってきて、まず「紀の国」（和歌山県）を「木の国」にした。そして、続けて全国の山々に植えて回ったという。日本の山が青々と茂って豊かになった。樹の生長は20年、50年、１００年かかる。長い歳月が必要なわけである。その後イタケルは、木、森の神さま（有功神《いさおしのかみ》）として崇められるようになった。こうして、神木や森への崇拝が広がり、木や森を神聖なところとして祭祀がおこなわれるようになったといわれている。

日本各地には本殿がなく、ただ鳥居があるだけの山がたくさんある。山自体が神聖な神殿となっているのだ。また、逆に山は神聖な場所ではあるが、本殿があるがゆえにその役目（山自体の神聖さ）が忘れさられているところもある。参拝者はこのあたりを注視して参拝してほしいものである。

日本の森林は雑木林であった。今から、９０００年前の縄文早期には、九州と四国までが樫《かし》・椎《しい》・椿・楠・黐《もち》の木・山茶花《さざんか》・椨《たぶ》の木などの照葉（常緑広葉）樹林帯で、その北東が蝦夷《えぞ》松《まつ》・椴松《とどまつ》などの針葉樹林帯である。また、全国の山岳地帯には、落葉樹林が豊富であった。橅《ぶな》・栗・胡桃《くるみ》・栃《とち》・櫟《くぬぎ》・楢《なら》などである。現在でも全国にはところによって趣が変わる樹種がある。これは、イタケルの気まぐれのなせるわざだったのだろうか。

縄文時代にはすでに半栽培という植林があり管理されていた。実を付ける木々、ドングリ、クリ、ブドウなどは人里の近くに植え替えられた。人工的に樹の森がつくられてきたのである。人里は人の手がかかりやすいが、高山などの山奥はどうかといえば、すべて自然の摂理によってできているのである。

『日本書紀』では、スサノオが「樟木《くすのき》と杉で船を造れ」と命じたとされている。ところが「異伝」では、「土の船」となっている。何故、土の船となったのであろうか。

イタケルは、ソシモリにいたとき、樹種を集めており、木についての知識が豊富だったのではないかと思われる。木に関する知識は木造船に結び付く。そして土は、今でいう塗料のような役目をした。水を弾《はじ》くことで木の腐敗を防ぎ、長期の航海にも耐えられるような働きをしたのではないかと考えられる。外見からすれば、木に上薬を塗ったようなものなので、土色をしていたと思われる。イタケルの土の船とは、土で耐水加工を施した木造船だったのではないだろうか。

この事実を、「異伝」は、単に「土の船」と表現することで、イタケルの木造船の技術を隠したのではないだろうか。もし、そうであるならば、誰か編纂者の意図を感じざるをえない。歴史書の編纂を命じたのは、いったい誰であろうか。

## 『記紀』の編纂は誰の意思によっておこなわれたのか

前述のように、スサノオとイタケルの父子は、新羅の地から日本に渡っていた新羅人である。新羅は、当時まだ辰韓と呼ばれており、馬韓の支配から独立していく過程にあった。そして、もう1つの三韓である弁韓は馬韓からの侵略の脅威にさらされていた。この頃、馬韓と辰韓との間に、弁韓に対する覇権争いが頻発する。そして、倭国（日本）もその騒乱に巻き込まれていったのである。

後に、弁韓は伽耶となり、一時は、新羅も百済も一目おくほどの軍事力をもっていたのだが、高句麗軍の侵略によって国家は破綻《はたん》に追い込まれ、国土の一部は、新羅、百済に割譲されていった。その頃、倭は、新羅と対決姿勢をとり、百済への親交を深めていった。やがて仲哀《ちゅうあい》天皇と神功皇后が、新羅征伐を試みる。『三国史記』新羅本紀（倭人伝、列伝）で新羅との交戦記録を参照すると、倭には好百済・嫌新羅の風潮が朝廷の中にもあったようだ。倭は新羅の王都まで攻めた。仲哀天皇9年12月（神功《じんぐう》皇后摂政前紀一伝）、3世紀半ばの出来事である。

新羅13代王未鄒《みすう》の時に、倭国の大臣が新羅に赴いたことがあった。そのとき、于老《うろう》という男

月岡芳年『大日本史略図会 第十五代 神功皇后』（山口県立萩美術館・浦上記念館蔵）

の妻は、国王に願い出てその使臣の接待をした。使臣が泥酔すると、家来の勇者を使い使臣を庭に引きずり出し、焼き殺したという。

于老とは、先の合戦のとき、つまり、倭軍が新羅を侵犯したときに迎え撃った新羅の総大将であった。合戦は、新羅の沙道《さどう》でおきた。奇策をもって風を利用して火を放ち、倭の戦艦をことごとく焼き払ったという。兵はすべて溺死したとまでいわれている。倭船は全滅したのである。

まだ、続きがある。その後、倭の使臣である葛那古《かなこ》が使館に滞在中の宴で、宴を管理していた于老が暴言を吐いたという。客に戯《たわむ》れて、「おっつけ、お前の王を塩をつくる奴隷とし、王妃を炊事婦にしてしまうだろう」といったのである。これを聞いた、倭王（仲哀天皇であろう）は激怒し、新羅に派兵した。将軍、于道朱君《うどうしゅくん》は倭王の汚名を晴らすために戦ったのである。これを恐れて、新羅12代王沾解《てんかい》は城を出て、柚村《ゆそん》に移り住んだという。戦いの前夜であろうが、于老は王にお侘びの言上を済ませ、倭軍のところに

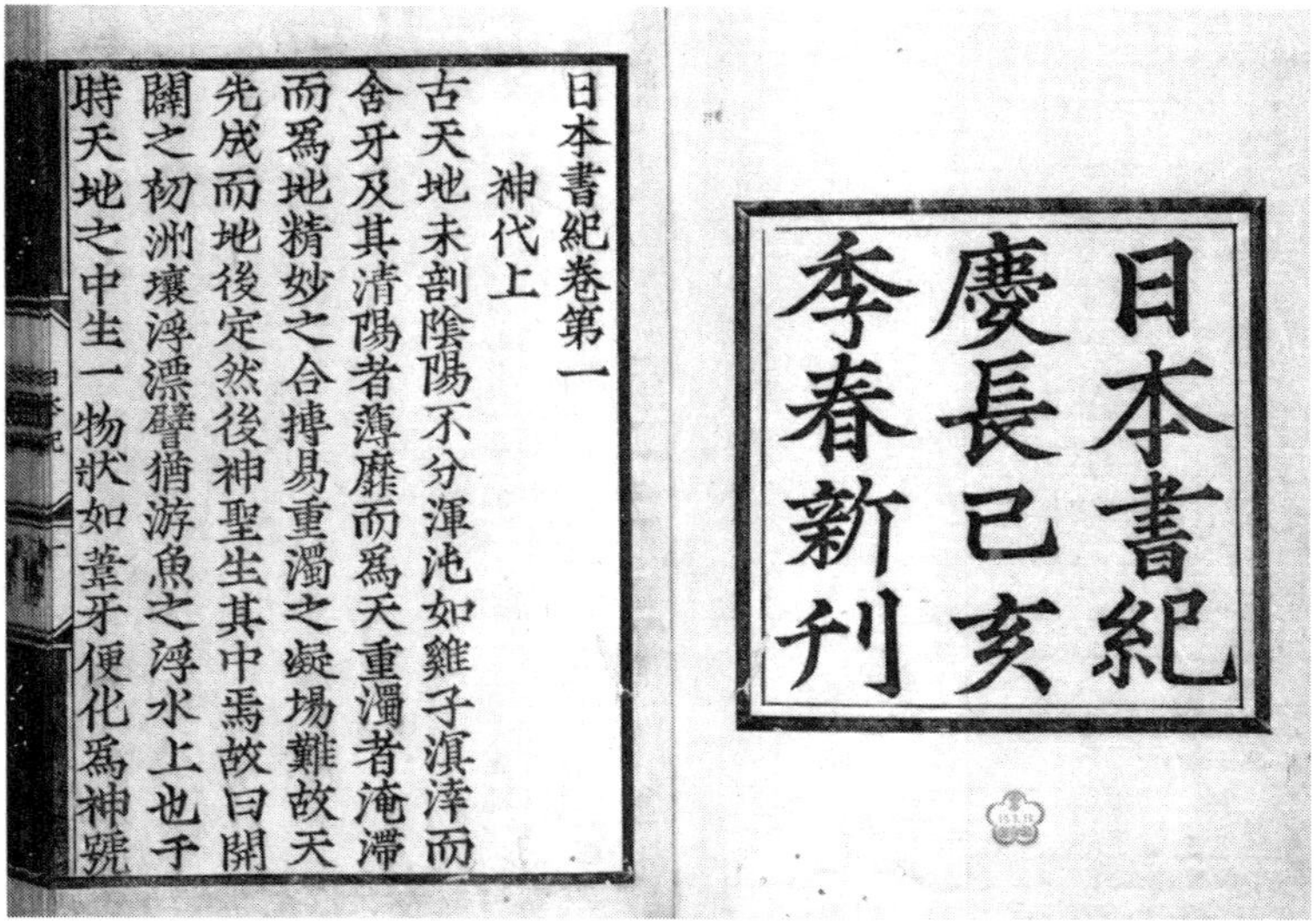
日本書紀
慶長己亥
季春新刊

日本書紀巻第一
神代上
古天地未剖陰陽不分渾沌如雞子溟涬而
含牙及其清陽者薄靡而爲天重濁者淹滯
而爲地精妙之合摶易重濁之凝場難故天
先成而地後定然後神聖生其中焉故曰開
闢之初洲壤浮漂譬猶游魚之浮水上也于
時天地之中生一物狀如葦牙便化爲神號

戦国時代（1599年）に刊行された『日本書紀』（国立国会図書館蔵）

出かけた。于老は、「前日の言葉は、戯れであった。それなのに、これに怒り、軍隊を派兵なさるとは思いもしないことであった」といったという。倭軍の総大将は、于老の言葉に返事もせず、彼を捕らえて、柴を積んだ上に置き、焼き殺して去ったとある。先の于老の妻の行動は夫の仇討《あだう》ちだったわけである。

２９２年、倭軍は王城である沙道城を攻め落とした。これ以後も、たびたび新羅と倭との間では交戦や和睦が繰り返された。つまり、倭と新羅とは犬と猿のような関係になっていったのである。スサノオ・イタケルは新羅人であるので、しだいに疎んじられて、その功績を称《たた》える神話なども捻《ね》じ曲げられ削られていったと考えられる。新羅は、出雲から北九州、越へと進出し、ヤマトへも入っていったが、ヤマト朝廷は百済寄りの姿勢へ舵を切っていった。それゆえ、『古事記』や『日本書紀』の編纂にも、朝鮮半島をめぐる歴史が関係した偏向的記述があったのではないかと考えられている。蘇我入鹿《そがのいるか》は逆賊ではなく、天皇のもとでの公地公民制を大化の改新以前に施策としていたのではないかと歴史学界でいわれはじめている。中臣《なかとみの》（藤原）鎌足《かまたり》がその施策を横取りしたともいわれている。

『古事記』は、712年に編纂されたもので天皇家の系譜や神話を記した内容となっている。続いて、720年に編纂された『日本書紀』は、神代から持統天皇までの内容となっている。どちらも太安万侶《おおのやすまろ》が筆録している。大化改新以降、中臣（藤原）鎌足の子・藤原不比等《ふひと》の政権下での初めての歴史書の編纂であった。645年の「乙巳《いっし》の変」で中大兄皇子《なかのおおえのおうじ》、後の天智《てんじ》天皇は、蘇我氏から政権奪取をしたのであるから、それ以前の業績や歴史書など廃棄されたものもあるであろう。聖徳太子、蘇我馬子が編纂した『天皇記』『国記』『臣連伴造国造百八十部并《おみむらじとものみやつこくにのみやつこももあまりやそとものおをあわせて》公民等本記《おおみたからどものもとつふみ》』も不明となった。現存していないとされている。

## イザナキが発した「海の国を治めよ」の真意とは？

『古事記』には、イザナキは、アマテラスに「天上界（高天原）を治めなさい」と命じ、スサノオには「海の国を治めなさい」と命じたとある。つまり、スサノオは海神になって海を治めよといわれたのである。しかし、スサノオは父の命に背《そむ》いた。渡海するだけで、留まって国として治める気にはなれなかったのである。海より陸を好んでいたのであろう。高天原がだめならば、葦原中国《あしはらのなかつくに》（日本）を目指すほうが良いと考えたのであろう。新羅と出雲は交易が盛んだったからである。新羅にいた倭人から、越人が出雲を流れる斐伊川の上流で良質な鉄を生産しているという噂を聞いたのであろう。そうでなければソシモリから鳥髪に直行しないであろう。そして、葦原中国に出雲国の礎をつくったのである。

ところで、イザナキの「海の国を治める」とは、本当に海人になれという意味だったのであろうか。海人は、海で海藻獲りや漁労を主におこなっている。それに倭人は、黥面《げいめん》（顔）や文身《ぶんしん》（身体）と呼ばれる入れ墨をしていたという。これは、海の中でフカや鮫などから自らを守るためだったという。この習慣は、しだいに消えていった。朝鮮半島や中国に渡った倭人には入れ墨の習慣はない。陸での生活では黥面、文身は必要ないからである。しかし、『魏志』「倭人伝」には、倭人の「男子は皆黥面文身す」と書いてある。なぜだろうか。実は『魏志』「倭人伝」に書かれていたのは、邪馬台国などに居住する一般的な倭人の姿とは別のものだったのではないだろうか。１０７年、倭国王帥升《すいしょう》らは後漢の安帝へ生口１６０人を献上した。同様に２３９年に卑弥呼は魏明帝へ男生口４人、女生口６人、２４７年には台与が生口30人を魏へ献じてい

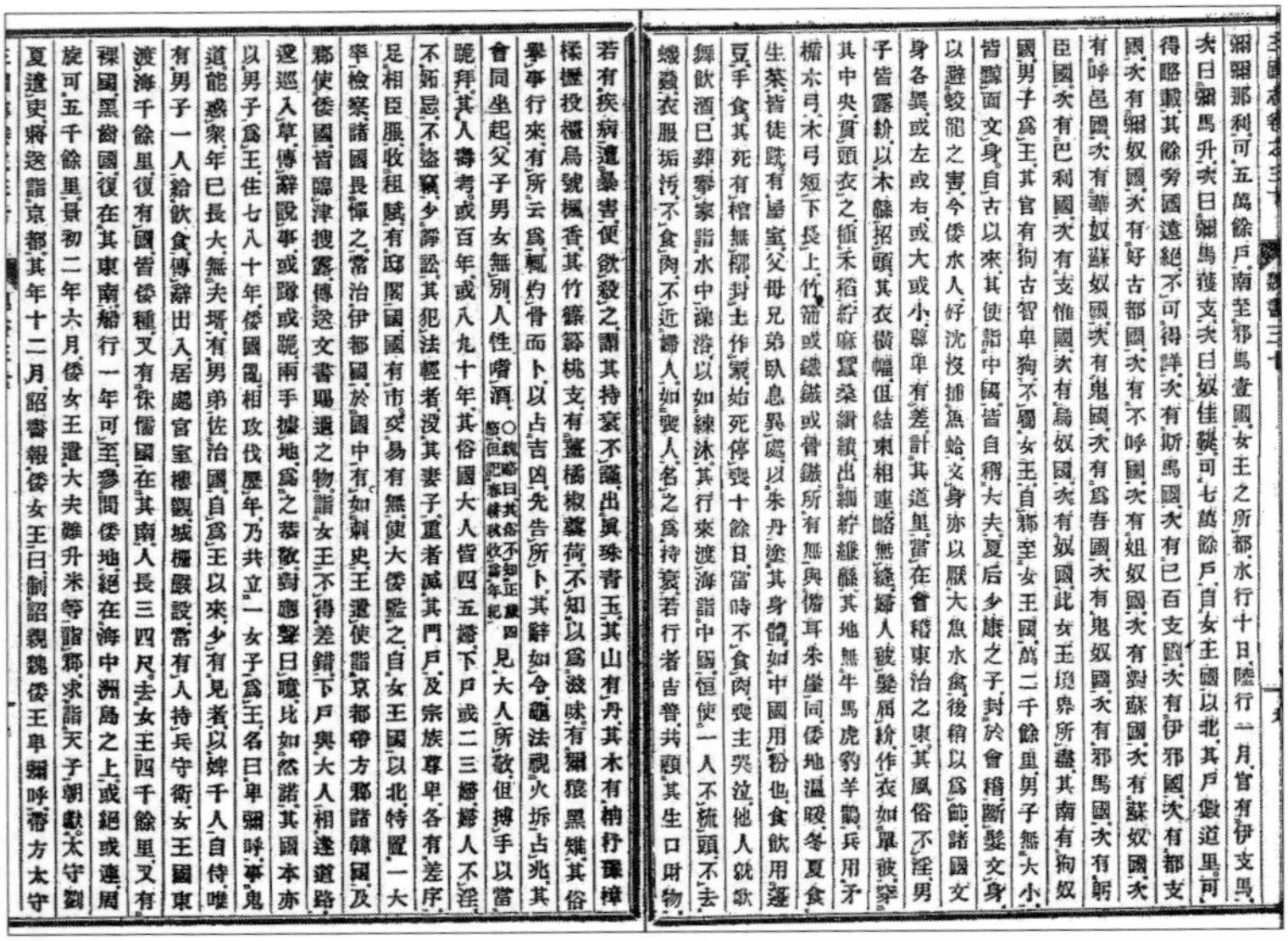

彌彌那利可五萬餘戶南至邪馬壹國女王之所都水行十日陸行一月官有伊支馬次曰彌馬升次曰彌馬獲支次曰奴佳鞮可七萬餘戶自女王國以北其戶數道里可得略載其餘旁國遠絕不可得詳次有斯馬國次有已百支國次有伊邪國次有都支國次有彌奴國次有好古都國次有不呼國次有姐奴國次有對蘇國次有蘇奴國次有呼邑國次有華奴蘇奴國次有鬼國次有爲吾國次有鬼奴國次有邪馬國次有躬臣國次有巴利國次有支惟國次有烏奴國次有奴國此女王境界所盡其南有狗奴國男子爲王其官有狗古智卑狗不屬女王自郡至女王國萬二千餘里男子無大小皆黥面文身自古以來其使詣中國皆自稱大夫夏后少康之子封於會稽斷髮文身以避蛟龍之害今倭水人好沈沒捕魚蛤文身亦以厭大魚水禽後稍以爲飾諸國文身各異或左或右或大或小尊卑有差計其道里當在會稽東治之東其風俗不淫男子皆露紒以木緜招頭其衣橫幅但結束相連略無縫婦人被髮屈紒作衣如單被穿其中央貫頭衣之種禾稻紵麻蠶桑緝績出細紵縑緜其地無牛馬虎豹羊鵲兵用矛楯木弓木弓短下長上竹箭或鐵鏃或骨鏃所有無與儋耳朱崖同倭地溫暖冬夏食生菜皆徒跣有屋室父母兄弟臥息異處以朱丹塗其身體如中國用粉也食飲用籩豆手食其死有棺無槨封土作冢始死停喪十餘日當時不食肉喪主哭泣他人就歌舞飲酒已葬舉家詣水中澡浴以如練沐其行來渡海詣中國恆使一人不梳頭不去蟣蝨衣服垢污不食肉不近婦人如喪人名之爲持衰若行者吉善共顧其生口財物若有疾病遭暴害便欲殺之謂其持衰不謹出眞珠青玉其山有丹其木有柟杼豫樟楺櫪投橿烏號楓香其竹篠簳桃支有薑橘椒蘘荷不知以爲滋味有獮猴黑雉其俗舉事行來有所云爲輒灼骨而卜以占吉凶先告所卜其辭如令龜法視火坼占兆其會同坐起父子男女無別人性嗜酒（魏略曰其俗不知正歲四節但記春耕秋收爲年紀）見大人所敬但搏手以當跪拜其人壽考或百年或八九十年其俗國大人皆四五婦下戶或二三婦婦人不淫不妒忌不盜竊少諍訟其犯法輕者沒其妻子重者滅其門戶及宗族尊卑各有差序足相臣服收租賦有邸閣國國有市交易有無使大倭監之自女王國以北特置一大率檢察諸國畏憚之常治伊都國於國中有如刺史王遣使詣京都帶方郡諸韓國及郡使倭國皆臨津搜露傳送文書賜遺之物詣女王不得差錯下戶與大人相逢道路逡巡入草傳辭說事或蹲或跪兩手據地爲之恭敬對應聲曰噫比如然諾其國本亦以男子爲王住七八十年倭國亂相攻伐歷年乃共立一女子爲王名曰卑彌呼事鬼道能惑衆年已長大無夫婿有男弟佐治國自爲王以來少有見者以婢千人自侍唯有男子一人給飲食傳辭出入居處宮室樓觀城柵嚴設常有人持兵守衛女王國東渡海千餘里復有國皆倭種又有侏儒國在其南人長三四尺去女王四千餘里又有裸國黑齒國復在其東南船行一年可至參問倭地絕在海中洲島之上或絕或連周旋可五千餘里景初二年六月倭女王遣大夫難升米等詣郡求詣天子朝獻太守劉夏遣吏將送詣京都其年十二月詔書報倭女王曰制詔親魏倭王卑彌呼帶方太守

明治時代に出版された『魏志』「倭人伝」（『三国志』）
「邪馬台国」「卑弥呼」などの文字も見える。（国立国会図書館蔵）

る。生口とは、奴婢であり、何らかの事情で自由を奪われた人達である。多くは、農民、海人、もと海人（陸にあがった人）であったと思われる。彼らは、入れ墨をしていたであろう。その様子が、『魏志』「倭人伝」に記されたのではないだろうか。

『三国志』韓には、馬韓の男は、入れ墨をしているとあるので、ここに倭人がいたことがわかる。済州《さいしゅう》《チェジュ》島の古名を州胡国《しゅうここく》というが、ここの住民はやや背が低く言葉は、三韓（馬韓・辰韓・弁韓）と同じではないとある。また、彼らはなめし皮を着て牛や豚を飼っていたという。頭は、鮮卑《せんぴ》族のように坊主であり、上着は着ているが、下部はないとしている。おそらく褌《ふんどし》をしていたと思われる。そして、彼らは船で行き来し、三韓中で交易をしていたという。ここの住民も倭人であると考えられる。布施克彦著『古代人の商人』には、倭人の故地といわれる中国（越国）の江南地方の海人も同じような入れ墨をしていたという。しかし、彼らは自分の好き勝手に入れ墨をしたのではない。階級や土地や身分などによって入れ方が異なるのである。集団ごとに入れ墨の形も異なり、それはシンボル化していった。まるで現代の会社のＩＤカード（＝社員証）みたいなものであったといえよう。ＩＤカードがないとゲートの中に入れてもらえない。船にも乗れないのである。

現在の福岡市北部にある志賀島《しかのしま》を拠点としていた海人・安曇《あずみ》族は、目の周りに入れ墨をするのが風習だったという。目の周りの入れ墨は、威圧感を与える。当時は、恐れられた一族であったようだ。それほどのことをしてまでも、海人の運送業を我が物にする、制覇するという意思の現れではなかったか。入れ墨を安曇目《あづみめ》といっていた時代があった。しかし、安曇族の入れ墨は、５世紀ごろにはなくなったといわれている。

安曇族が拠点としていた志賀島といえば、漢委奴国王《かんのわのなのこくおう》の印が見つかったところである。ここに祭神として、豊玉姫《とよたまひめ》、玉依姫《たまよりひめ》を祀っている志賀神社がある。古来より交易の寄り島として多くの人が足を踏み入れた所でもあった。安曇族の船で往来したと思われる。大型船を操るのは高度な技術と経験がなければできない。安曇族は、大型船で大海を往来したのである。彼らは、後に、有明海から長江沿岸を結ぶ航海ルートも開拓していった。古墳時代の履中《りちゅう》天皇のと

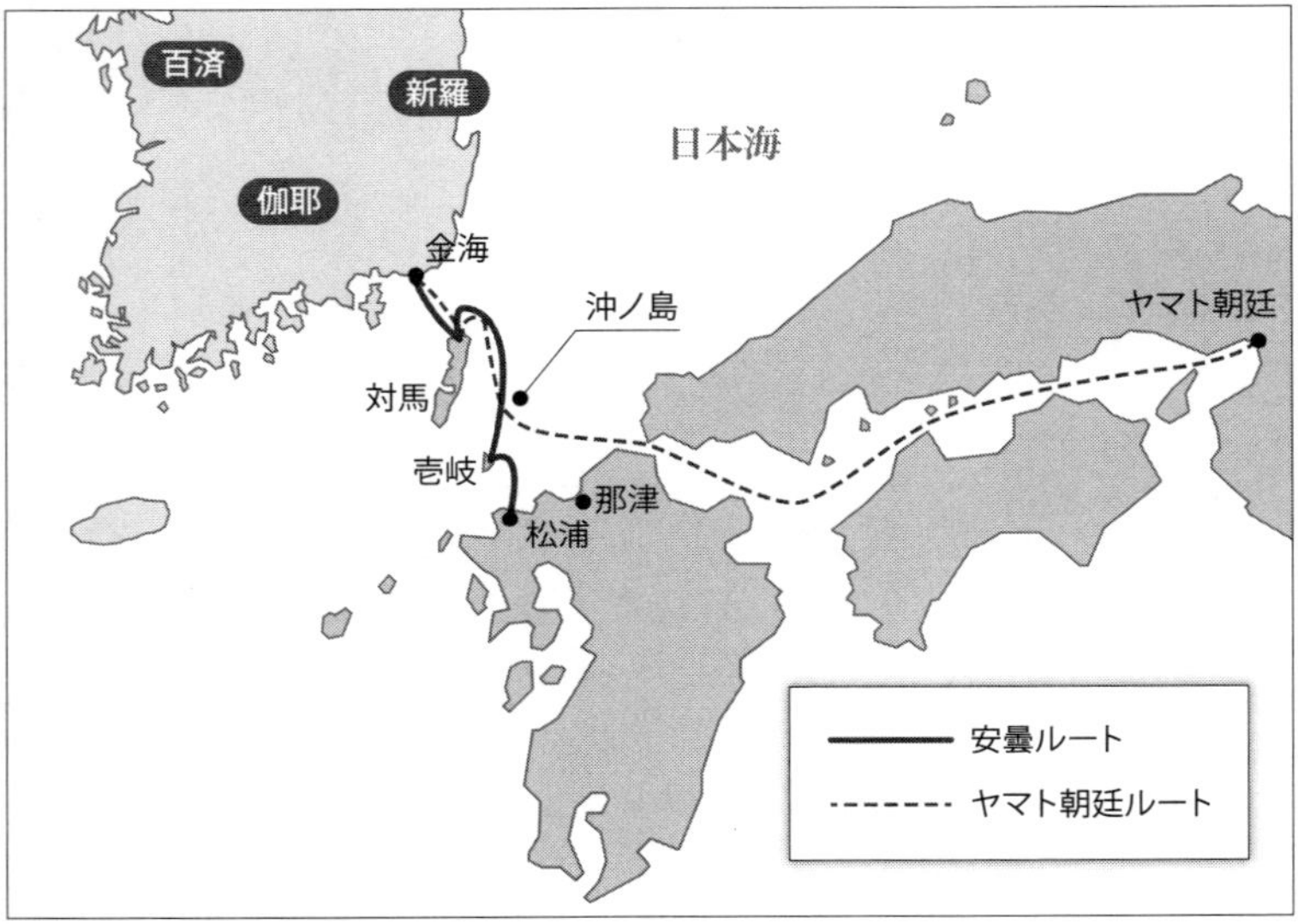


安曇族とヤマト朝廷の航海ルート

き、安曇族のリーダーがクーデターをおこし、その罪で目の周りに墨を入れたという伝説がある。磐井《いわい》の乱では、海上封鎖がおこなわれたのであろう。これは、安曇族が中心的な役割を果たしたと思われる。

ヤマト朝廷が台頭しはじめたこの時代、海の覇権は安曇族と宗像《むなかた》族とが争っていた。宗像族も海の商圏を拡大していったのである。それには理由があった。邪馬台国が北九州にあったとして譚を進めると、それまでの、朝鮮半島への安曇ルートは、やはり、北九州の松浦から壱岐《いき》、そして対馬北端から狗邪韓国《くやかんこく》（金海《きんかい》《キメ》）であったと思われる。（これとは別に、布施勝彦氏が唱えた「那津《なのつ》から壱岐、そして対馬の海峡を通り、金海」に行った航海ルートが有望であるという説もある。）一方、ヤマト朝廷は、瀬戸内海から、沖ノ島の西側を通り、対馬北端から狗邪韓国（金海）のルートをとって行った。宗像族がそのルートを開拓したかどうかはわからないが、これまでの安曇ルートではなく、こちらのルートが採用されたのである。

　宗像族は、福岡県宗像市が本拠地であった。古代から豊かな漁場であったらしい。その海岸からは、沖に浮かぶ大島、地ノ島《じのしま》が一望できる。宗像族は、沖ノ島に航海の安全を祈願するために祭神として田心姫神《たごりひめのかみ》を祀った。その後、４世紀後半から約５００年にわたり、田心姫神がヤマト朝廷の信仰を得たことから、宗像族は海運業の雄となっていった。田心姫神は、宗像三女神の１人である。アマテラスがスサノオから剣をとり、高天原にある神聖な井戸（天《あめの》真名井《まない》）の水ですすぎ、これをかみ砕いて口から息を吹きかけると、その息の中から３人の女神が誕生した。これが宗像三女神の由来となっている。三女神とは、田心姫神、湍津姫神《たぎつひめのかみ》、市杵島姫神《いちきしまひめのかみ》である。沖ノ島は武藤正行氏の著書にもある通り「海の正倉院」と呼ばれている島である。ここから、約12万点の貴重な遺物が発見された。航海の安全を祈願したときに使用された祭器であった。沖ノ島は、通常参拝できない。だから大島から沖ノ島に向かって拝することになる。大島から沖ノ島を拝む沖津宮遥拝所《おきつぐうようはいじょ》が建立されている。沖津宮遥拝所とは、「遥《はる》か彼方の遠くから拝する」という意味が込められている。

　いずれにせよ、ヤマト朝廷の発展に伴い、海人の実権は、安曇族から宗像族へと変わっていったのである。

## 交易権を巡る朝鮮半島での激しい争い

スサノオの時代というのは、『三国史記』に書かれている、倭国が新羅の浜や王都をよく襲撃した時期と思われる。機動力は戦艦であった。安曇族は北九州や出雲、越および朝鮮半島、多島海などにネットワークをつくり交易をしていた。商船を護衛するためには、戦艦がなくてはならないものとなっていたはずである。あるいは商船が、賊がくれば戦艦に様変わりして対応していた場合もあるだろう。

２３９年の卑弥呼の魏への朝貢や２６６年の台与の晋への朝貢あたりまでは、安曇族の船団が交易のために渡海していたであろう。その後、ヤマト朝廷が台頭しはじめ、２６６年以降からは宗像族が、船団をしたてて、かつて卑弥呼のときに開拓した洛東江河口（金海）との交易の再開と拡大を目指した。伽耶の鉄の輸入に力を注いだのである。しかし、一旦途切れた海人のネットワークを獲得するには相当な時間がかかったであろうことは想像に難くない。

海人には、それぞれに「海神《わだつみ》」を祀る信仰があり、一族を束ねる求心力にもなっていた。宗像族には、太古から培《つちか》われた海運の情報が寄せられたであろう。

一方、日本が邪馬台国の時代からヤマト朝廷の時代へと移り変わっていく頃、朝鮮半島でも大きな動きがおきている。３１３年、高句麗が楽浪郡を滅ぼし、半島北部を領有。南部三韓の地に圧力をかけていく。この圧力が契機となり、小国家連合体であった三韓に統一の動きが現れる。やがて、馬韓が「百済」として、辰韓が「新羅」として統一されていく。この高句麗、新羅、百済の三国が朝鮮半島の覇権を争っていた4〜7世紀を「三国時代」という。

しかし、この3国に属さず、独自の地歩を築いていたのが、伽耶（諸国）である。三韓時代に弁韓と呼ばれていた地域であり、4世紀以降も、完全な統一国家とはならず、小国家の連合体といった状態にあった。この伽耶は、朝鮮半島の南端という位置にあり、また、鉄の生産力や交易の利便性が高かったことから、朝鮮三国、中国、そして倭による影響を強く受けることになるのである。まさに、この頃から中国、高句麗、百済、新羅、伽耶と倭との相互間における交易と侵略とが繰り返される激動の時代がやってくるわけである。

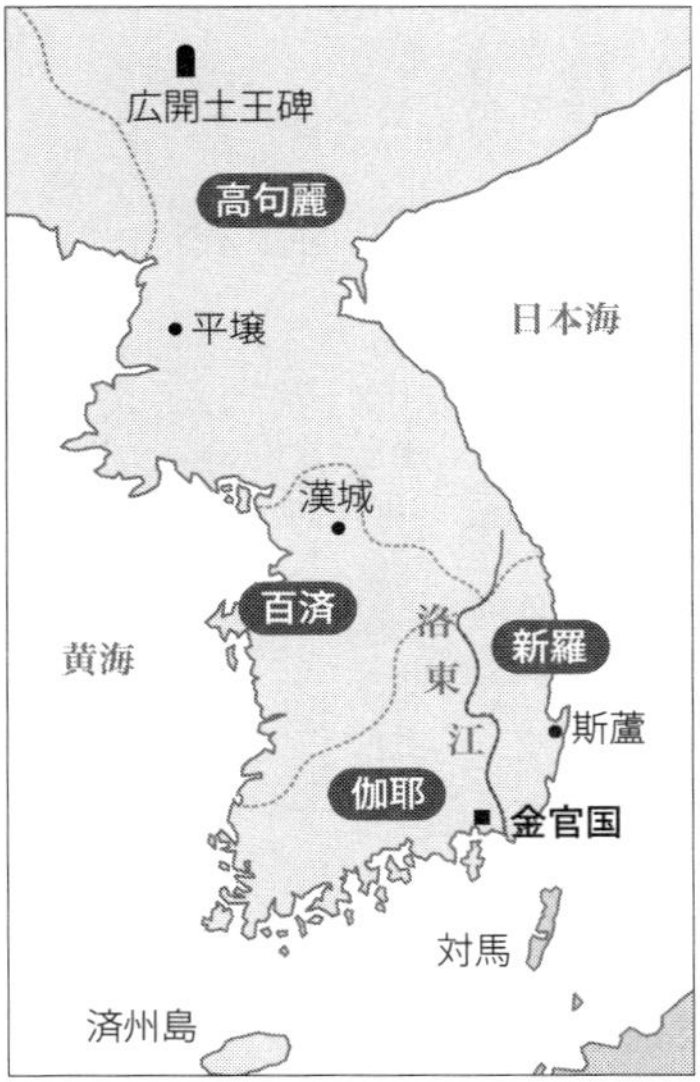

4世紀末の朝鮮半島

ここで、高句麗が楽浪郡を滅ぼす少し前に当たる、3世紀後半のヤマト政権時代の新羅との交戦記録を『三国史記』から見てみよう。

287年　倭人が一礼部《いちれいぶ》の地を襲撃し、火を放ってこれを焼き、千人を捕虜として去っていった。

289年　兵が来襲したと聞いて、船を修理して鎧《よろい》をそろえる。

292年　倭兵が沙道城《さどうじょう》（朝鮮半島南東部の慶尚北道《けいしょうほくどう》の地か？）を攻め落とす。

294年　倭兵、長峯城を攻める。

295年　倭人、しばしば城や邑《むら》を犯す。

300年　倭国と交戦する。

これを見ると、ほぼ数年おきに争いがおこっているのがわかる。小さな衝突は、日々おきていたであろう。小国が集まった卑弥呼女王を中心とする邪馬台国の時代の日本の国力は、伽耶や新羅に劣っていたようであるが、ヤマト朝廷の時代には、朝鮮半島南部の諸国と対等か少し優《まさ》っているくらいではなかったか。

伽耶にある洛東江では、鉄や物資の交易の権利をめぐる倭と新羅の攻防戦がはじまっていく。伽耶は朝鮮半島の入口であり、中国大陸への入口でもある。倭人も多く住んでいる。熾烈《しれつ》な戦いは、562年に新羅が伽耶を併合するまで続く。

391年、（応神天皇のとき）「倭が渡海して百済、新羅を破り、臣民とした」と、高句麗の好太王碑文《こうたいおうひぶん》に刻まれている。この記述がある好太王碑は、４１４年に建立された。これによると４００年ごろから、倭と百済は、高句麗と直接交戦するようになったようである。記述としては「任那伽耶」とあるので、攻撃対象は伽耶だったようである。高句麗が伽耶の金海まで到達していたとすれば、金海を通じた倭や諸外国との交易権の獲得が目的としてあったであろう。しかし、高句麗がここ伽耶の金海に軍を駐留させたとか統治したような事実は残ってはいない。

そのころ、伽耶は、軍が壊滅状態となっていった。この機をねらい、新羅が伽耶・百済に干渉してくる。ここは、華僑の中国人や倭人・倭族が多くいるところである。ここを制することは、交易を通じて莫大な利益を得ることにつながる。漢の時代もそうであったように中国としても覇権を奪うために軍を送りたいところではあるが、中国の華北は五胡十六国時代で戦乱続

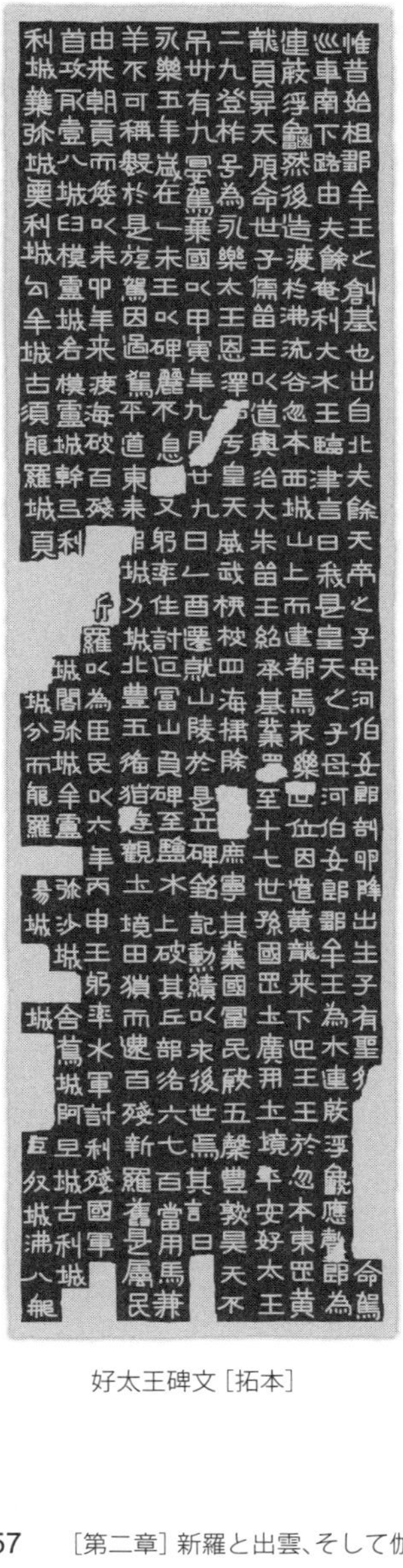
好太王碑文［拓本］

きであった。南は東晋であるが朝鮮半島は遠い。つまり、中国は、混乱していて朝鮮半島にまで手を伸ばす余裕はなかったのである。この混乱は、439年に北魏が華北統一するまで続き、その後、中国の南北朝時代がはじまると、倭は南朝の宋や北朝の北魏と交流を深めていくことになるのである。

では、次の項では倭国と、洛東江にある伽耶の連合の成り立ちについて論じてみよう。

## 伽耶連合国の成り立ちと繁栄

伽耶のことは、『三国史記』『三国遺事』『日本書紀』や中国の正史から読み解くことになるのだが、どれも詳しく網羅しているわけではない。それぞれに記された「点の歴史」をつなぎ合わせる必要がある。伽耶は、また「駕洛《から》」ともいった。駕洛（伽耶）について書かれた「駕洛国記《からこっき》」は現存しないのだが、『三国遺事』に転記されているところから歴史を垣間見《かいま》ることができる。「駕洛国記」は1076年ころに編纂されたものであり、42年の建国の譚からはじまり、許黄玉《ホファンオク》が阿踰陀《あゆた》国から渡来して始祖首露王と結婚したこと、王が199年に没したこと、新羅に降伏（532年）したことまでが書かれているという。

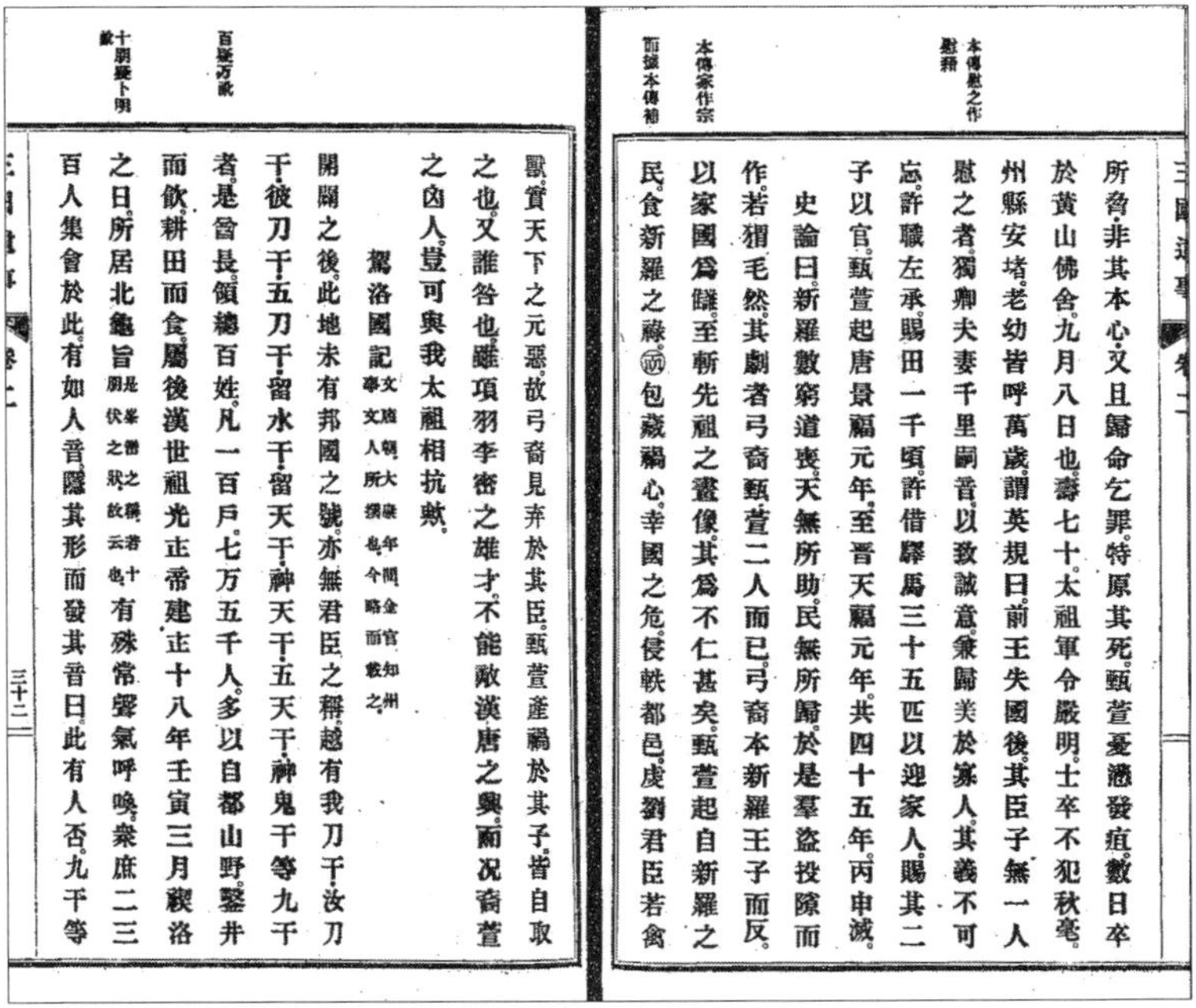

本傳慰之作慰稱
本傳家作宗
而據本傳補

所啗非其本心、又且歸命乞罪。特原其死。甄萱憂懣發疽。數日卒於黃山佛舍。九月八日也。壽七十。太祖軍令嚴明。士卒不犯秋毫。州縣安堵。老幼皆呼萬歲。謂英規曰。前王失國後。其臣子無一人慰之者。獨卿夫妻千里嗣音。以致誠意。兼歸美於寡人。其義不可忘。許職左承。賜田一千頃。許借驛馬三十五匹以迎家人。賜其二子以官。甄萱起唐景福元年。至晉天福元年。共四十五年。丙申滅。

史論曰。新羅數窮道喪。天無所助。民無所歸。於是羣盜投隙而作。若猬毛然。其劇者弓裔甄萱二人而已。弓裔本新羅王子而反。以家國爲讎。至斬先祖之畫像。其爲不仁甚矣。甄萱起自新羅之民。食新羅之祿。㊄包藏禍心。幸國之危。侵軼都邑。虔劉君臣若禽獸。實天下之元惡。故弓裔見弃於其臣。甄萱產禍於其子。皆自取之也。又誰咎也。雖項羽李密之雄才。不能敵漢唐之興。而况裔萱之凶人。豈可與我太祖相抗歟。

百疑万訛
十朋疑卜明訛

駕洛國記 文廟朝大康年間金官知州事文人所撰也。今略而載之。

開闢之後。此地未有邦國之號。亦無君臣之稱。越有我刀干・汝刀干・彼刀干・五刀干・留水干・留天干・神天干・五天干・神鬼干等九干者。是酋長。領總百姓。凡一百戶。七万五千人。多以自都山野。鑿井而飲。耕田而食。屬後漢世祖光武帝建武十八年壬寅三月禊洛之日。所居北龜旨 是峯巒之稱。若十朋伏之狀。故云也。 有殊常聲氣呼喚。衆庶二三百人集會於此。有如人音。隱其形而發其音曰。此有人否。九干等

三國遺事 卷十二 三十二

『三国遺事』に記載された「駕洛国記」『文科大学史誌叢書』より)
(国立国会図書館蔵)

敵から国を守るために連合することはあったとはいえ、何故、伽耶は基本的に小国の集合体で終わったのであろうか。まず、伽耶のあったところは、どんな地形であったのかを見てみよう。

洛東江は、朝鮮半島にあって最長の河川である。全長は５２５km、流域面積は23・３８４平方キロメートルあり、半島の東部を南北に走る。源は、太白《テベク》山脈の朝天池黄池《チョチョンジファンチ》であり、肥沃な金海平野、大邱《テグ》市、釜山市などを通り日本海に流れている。流域の土地は肥えているので、農産物が豊富にとれる。特に、米は韓国内で生産

される総量の約25％に達するといわれるほどである。人や物は、この洛東江に集まってくる。こうして、伽耶は交易で繁栄を極めたのである。

高濬煥《コジュンファン》著『「伽耶」を知れば日本の古代史がわかる』によれば、金海市にある水佳里《スガリ》貝塚遺跡には新石器時代の人々の生活がわかる遺物があるという。また、紀元前1世紀ごろには、当時朝鮮半島北部を支配していた衛氏朝鮮の影響が洛東江にまで及んだとし、その遺跡などの発掘も続けられているという。しかし、期待するほどの発見がないともいっている。新発見があれば、青銅器時代の伽耶の実像がわかるはずなのだ。

金海平野では、他の大邱、慶州と比べて極めて遺物が少なかった。それでも発掘が進められた結果、期待どおり青銅器時代以降の初期鉄器時代の遺物が多く出土したという。初期鉄器時代とは、紀元前1世紀ごろを指している。多くの遺跡のなかで、洛東江下流域に近い晋州《ジンジュ》市にある大坪里《デピョンリ》遺跡には、青銅器時代を示す遺物の発見が多いという。出土遺物は、漁労・狩猟・農耕などの道具や武器、装飾品などであった。多くの人がここで生活し、豊作を祈願していたことが、このような出土品からも推測できる。

河川が下流になれば、上流の土砂が下流に堆積して平らで肥沃な沖積平野ができる。『魏書』「弁辰（弁韓）伝」には、「土地は肥沃で、五穀や稲の栽培に適していた。蚕《かいこ》を飼い、絹織物を織っていた。鉄の産地であり、韓、濊《わい》、倭などが採掘していた。市場での売買では鉄と交換されていた。」とあることからも、洛東江下流の沖積平野が特に豊かで、発展していたことがわかる。

ちなみに、同書には、弁韓（伽耶の前身）では「倭人とも習俗が似ており、男女とも入れ墨をしていた」、「武器は馬韓と同じであった。礼儀がよく、道ですれ違うと、すすんで相手に道を譲った」ともある。

さて、前述の初期鉄器時代の遺跡は何を語ってくれるのであろうか。韓国の梁山《やんさん》郡、釜山市、金海市などには貝塚があり、生活遺物も多く出土しているという。紀元前後ごろのものが多いらしい。このころが、土器や鉄器の生産量が増した時期であるようだ。この時期は日本の弥生時代中期ころにあたっている。戦により大量の鉄が消費されたに違いない。また、金海市にも近い昌原《チャンウォン》市の城山《ソンサン》貝塚からは、金海土器の初期の時代から鉄が生産されていたことも立証されたという。交戦が長く、継続的になるにしたがい鉄器の性能向上を求める声が大きくなっていったようである。

こうした鉄器の需要に応えようとして技術の進歩も見られた。一例として、漢江流域にある初期鉄器時代の遺跡からは、伽耶だけに見られる形態の鉄斧が出土しているという。このことから、伽耶では、独自の製鉄技術が発展してきたことがわかる。

『三国遺事』五伽耶条には、伽耶が、阿羅伽耶《あらかや》（安羅）、古寧伽耶《こねいかや》、大伽耶《だいかや》、星山伽耶《せいざんかや》、小伽耶《しょうかや》の5つの小国からできていると書いてある。さらに、南端の金官国（任那国を指しているといわれている）を合わせて6伽耶ともいわれているが、5伽耶の方が一般によく使われている。これらは、国ということではなく首長連邦のような主権が独立した連合体ではなかったかといわれている。この連合体は、時代によって少しずつ変化していく。諸説あるのだが、伽耶5国のなかでは大伽耶が盟主であったといわれている。この大伽耶は王都（高麗）を中心として北西部の伽耶諸国が連合しただけであって、狗邪《くや》韓国を含まないともいわれている。また、一方では、大伽耶は、伽耶の13諸国の盟主であったとする説もある。いずれにせよ、伽耶5国の中で大伽耶が大きな勢力を持っていたことは間違いないだろう。

時代の流れから見ると、朝鮮半島の南端は、韓→弁韓（弁辰）→伽耶（任那）へと変わる。この地域には何よりも鉄という資源があったので、長く繁栄することができたわけである。鉄資源のあった場所は、金官国の金海鉄山や大伽耶の黄山《ファンサン》鉄山、尺旨山《チョクシサン》鉄山、毛台里《モテリ》沙鉄鉱などが挙げられているが、場所は不明である。

今も昔も洛東江は朝鮮半島を南北に流れている。盛衰を繰り返す多くの国や人々の歴史を見てきたのである。

## 伽耶の建国と卵伝説

伽耶が誕生する以前、卑弥呼が魏に使いを出したころ、東アジアの勢力図は、魏、高句麗、馬韓、辰韓、弁韓（弁辰）であった。帯方郡を支配していた公孫氏が魏によって滅ぼされたあとのことである。

『魏志』「倭人伝」に記された、朝鮮半島から邪馬台国へと至る行程は、「帯方郡→狗邪韓国→対馬国→一支国（壹岐）→末盧国《まつろこく》→伊都国→奴国→不弥国→投馬国→邪馬台国」となっている。帯方郡から狗邪韓国の金海に至って海中のルートに入っているのである。このコースは、中国人か海人によって開拓されたのであろう。いずれにせよ、卑弥呼が遣わした難升米《なしめ》の一行はこの道を逆に辿ったはずである。また魏の太守・弓遵《きゅうじゅん》もこのルートを通ったであろう。ここで重要な点は、洛東江の河口にあたる金海が国際港になっていたということである。倭へは、東端にある釜山の方が近く便利であったはずであるが、金海が拠点になっている。やはり、鉄山から重い鉄を運ぶ道のりには洛東江沿いの地の方が便利だったと思われる。

朝鮮半島南端にあり、伽耶諸国の中でも有力であった金官国の始祖である首露王は、金海の地に眠っている。そこには、「大駕洛太祖王誕生之地」と書かれた碑が立っている。「駕洛国記」には、金官国の建国の譚があり、首露王にも卵伝説があることがわかる。それでは、ここで首露王の誕生秘話を見てみることにしよう。

後漢の光武帝のころ（42年）のことであるという。北にある亀旨《きじ》という地にある日、突然奇妙な声が響いた。そのとき、そこには民が300人、集まっていた。引き続き、姿はなく声だけが響き渡った。「ここはどこか」と声の主が尋ねた。民は「亀旨」と応えた。また、声の主が「天が、私に命じた。『ここを統治して国をおこしなさい』と。よって、ここに降る。民は峯頂《ほうちょう》を掘って、『亀よ亀よ首をだせ、ださなければ焼いて食べてしまうぞ』と歌いなさい。踊りなさい。これは、きたる大王を迎え歓喜する踊りなのだ」といった。民は、言葉通りにおこなった。すると、紫の縄が天から降りてきて地につき、その縄の先には紅い布に包まれた金の器があった。蓋を開けて中を見ると、太陽のように丸い黄金の卵が6つあった。民は驚き、１００回拝した。１人の尊長が卵を持ち帰った。次の日、皆の前で蓋を開けたところ、6つの黄金の卵が6人の童子になっていた。童子は日々成長し、10日ばかりで背丈が9尺になったので、満月の日に即位した。最初に現れた童子は「首露《スロ》」と名付けられた。その他の5人も伽耶にある5つの国の王になったという。以上が伽耶の天孫降臨の譚である。この譚からわかることは、首露王の国（金官国）と他の伽耶5国との関係には優劣差が感じられない、つまりどの国との間にも上下の関係がないことである。

伽耶諸国には国の繁栄や商いの神を崇める5ないし6国の祭祀長がいたという。利権や被害を共有できるときは連合体をつくって軍を出し、国を守護する城も築かれた。首露王が即位してすぐおこなったのが築城であった。山城は釜山にあるが、王都をとりまく山々にも城が築かれた。王都は、現在の金海市街地だったとされている。その市街地には、首露王の丘陵があるという。慶南考古学研究所の調査では、王宮址は鳳凰台《ほうおうだい》であるとしている。また、慶北大学校博物館の調査では、山城である主《しゅ》山城の近くにある延詔里《えんしょうり》であるとしている。また、どちらも王宮とされる建物などの発見にはつながってはいない。

ここで、首露王の別のエピソードを1つ紹介しておこう。伽耶・金官国の初代王である首露王と、後に新羅王となる脱解王が奇術で争ったという話である。あるとき、脱解王は、「私は、あなたの国とあなたの王座がほしい」といい、首露王は、「私は天命により王となった。（他人に渡すわけにはいかない）」とこたえ、それならば、「奇術で勝負しよう。（勝ったほうが王座を手にすることにしよう）」ということになった。この瞬間、脱解王は、鷹から雀に化け、首露王は、鷲からはやぶさに化けた。その結果、脱解王は、勝負がつかないのでその場を去っていったという。脱解王は、奇術では勝てないことを認めたというわけである。これは、脱解王が新羅に行く前の話である。脱解王は、新羅に行く前にまず、伽耶へ行って、首露王と王位を争って敗れ、その後、北上して新羅の慶州地方に移動したといわれているのである。つまり、このとき脱解王は、一時、海上での覇権を失ったことになる。ところが、『三国史記』新羅本紀では、77年に伽耶兵を破ったとあるので、不明な点も残る。いずれにせよ、この時期、脱解王が執拗に伽耶を攻めていたことが伺える逸話である。

ちなみに、首露王の妃はインド人で、阿踰陀《あゆた》国（サータヴァーハナ朝）王女の許黄玉《ホファンオク》であるという。何故、妃がインド人なのであろうか。インドと伽耶は交易が盛んだったからなのかもしれない。そして、その際に、文化として仏教が伝わったのではないだろうか。伽耶には、中国人のコロニーもあり、インド人の仏教寺があったことも考えられる。いわば、「伽耶仏教」が栄えた可能性もなくはないのである。

朝鮮半島側では「伽耶」とし、日本では「任那《みまな》」とするこの地域は、繁栄と紛争の中心となっていった。次章では、『日本書紀』のなかに出てくる「任那」「伽耶」などの表記を拾って時代順に解説を加えてみることにする。これによって、「任那」を中心にした世界観とは何かを探る一助になることであろう。

《第三章》

# 『日本書紀』に見る任那の盛衰と倭国

20×10

## 伽耶（任那）の繁栄と隣国新羅の台頭

それでは、『日本書紀』から、伽耶に関する記事を列記してみることにしよう。これによって、倭、伽耶、新羅、百済などの東アジア情勢、とりわけ倭（日本）の朝鮮半島への政治的・軍事的な進出の様子などがわかってくるからである。なお、『日本書紀』では伽耶を指す言葉として「任那」が使われている。通常は伽耶諸国の中でも有力で倭国の影響力も強い金官国を指す場合が多いのであるが、時には伽耶諸国全体を指す言葉としても使われており、どちらを指すのかあいまいな場合も多い。本書では基本『日本書紀』の記述に沿ってそのまま記載・引用するものとし、必要な場合に注を入れるものとしている。また、『日本書紀』に記された年代を西暦に換算する方法には諸説あるのだが、今回はその中から適切と思われるものを適宜、著者の判断にて補足することとする。

『日本書紀』巻第六、「任那・新羅抗争のはじまり」
～任那《みまな》という国名の由来を知ることができる

第11代の帝、垂仁《すいにん》天皇の即位2年目の年のことである。任那から倭への朝貢の使者である蘇《そ》那葛叱智《なかしち》が、「国に帰りたい」というので、赤絹百匹を持たせ任那の王に贈らせるということがあった。ところが、その途中であろうか、新羅人がこれを奪って逃げたという。それ以来、任那と新羅の間で争い事が多くなったというのである。

『日本書紀』ではこの話のあとに別の類話を紹介している。それによると、「任那」という国名は第10代崇神《すじん》天皇にちなんでつけられたというのだ。崇神天皇のころ、額に角を生やした人（戦支度《いくさじたく》を整え、甲《かぶと》を被《かぶ》っていたであろう）が越の国のケヒの浦（福井県敦賀市気比神社付近か?）に着いたので、この地は角鹿《つぬが》と呼ばれるようになったという。彼は、大伽耶の王子で、名を都怒我阿羅斯等《つぬがあらしと》またの名を于斯岐阿利叱智干岐《うしきありしちかんき》といった。日本《やまと》に聖王がおいでになると聞いてやってきたという。しかし、「私が王である」といって、騙《だま》そうとした人がいたので、そこから逃げた。そして、道に迷っているうちに、出雲国を経て大和に着いたようである。その間に崇神天皇の崩御があり、跡を継いで即位した垂仁天皇に3年ほど仕えた。

あるとき、垂仁天皇は都怒我阿羅斯等に「国に帰りたいか」と尋ねられた。彼は「大変帰りたいです」と答えた。すると、天皇は「お前が道に迷わず来ていたら、先王（崇神天皇）に会えたことだろう。そこで、お前の本国の名を改めて、崇神天皇の諡号の御間城《みまき》の御名をとって、お前の国の名にせよ」といわれた。そこから、その国の名は「任那《みまな》」になったという。また、天皇は、赤織の絹を都怒我阿羅斯等に渡された。彼は賜った赤絹を自分の国の蔵に収めた。しかし、新羅の人がそれを聞いて兵をつれてやってきて、その絹を皆持って逃げてしまったという。これから、両国の争いがはじまったという。

崇神天皇の和風諡号は、御間城入彦《みまきいりひこ》五十瓊殖《いにえ》である。垂仁天皇は、崇神天皇の第３子であり、崇神天皇の皇后は御間城姫《みまきひめ》である。ここで登場する、蘇那曷叱智、都怒我阿羅斯等、于斯岐阿利叱智干岐は同一人物であると思われる。

こうして、「任那」という名の国が誕生したという譚である。

『日本書紀』巻第九、「新羅再征」

～百済と好《よし》みの間柄となっていく

神功皇后摂政49年（西暦３６９年?）、倭の将軍である荒田別《あらたわけ》と鹿我別《かがわけ》は、兵を整えて新羅を襲おうとした。さらに、沙白《さはく》・蓋盧《こうろ》らは、増兵して精兵を率いて任那諸国の１つである卓淳《とくじゅん》国に集まり、新羅を打ち破った。そして、比自㶱《ひしほ》・南加羅《ありしひのから》・喙国《とくのくに》・安羅《あら》・多羅《たら》・卓淳・加羅《から》の7つの任那の国を平定した。また、南蛮の耽羅《たんら》（済州島）を制圧して、百済に与えた。さらに、百済王の肖古《しょうこ》《チョゴ》王と皇子の貴須《くるす》が兵を率いて多くの邑が降伏した。これを機に、倭と百済とは好《よし》みの関係となっていく。

『日本書紀』巻第九「七支刀の献納」

〜百済王、七枝刀《ななつさやのたち》（七支刀《しちしとう》）、七子鏡《ななつこのかがみ》などを献納

神功皇后摂政52年9月10日（372年）、百済王の世子（太子）が七支刀を倭王に贈る。百済王が「わが国の西に河があり、水源は谷那《こくな》の鉄山から出ています。まさにこの河の水を飲み、この山の鉄を採って造りました。これを捧げます」と申し上げたとある。これで、さらに百済と倭の好みが深くなっていった。

なお、『百済紀』によれば、新羅のほうは倭に朝貢しなかったとしている。そこで、天皇は、沙至比跪《さちひこ》を遣わして新羅を討たせようとしたという。ところが、新羅は美人2人を着飾らせて立たせた。巷で迎え、その美人の華麗な振る舞いで欺こうとしたのである。沙至比跪はすっかり騙されて美女を受け入れ、さらに、伽耶を攻めることまでおこなったのである。伽耶の王や民は驚いて、百済に逃げたので、百済王は手厚くもてなした。伽耶国王の妹、既殿至《けでんち》が、大和にきて、「沙至比跪は、新羅を攻めに遣わされましたが、新羅の美人を受け入れて撃たず、伽耶を滅ぼしました」といった。天皇は大いに憤り、木羅斤資《もくらこんし》を遣わして兵を率いて伽耶を平定させたという。しかし、その後も、新羅は倭に朝貢することはなかったといわれている。

この七支刀は、現存し、そこには銘文が刻まれている。読みづらい箇所を補って、書き下すと「泰和四年五月十六日丙午正陽、百練の鉄の七支刀を造る。出《すす》みて百兵を辟く。供供たる侯王に宜《よろ》し。□□□□の作なり。先世以来、未だ此のごとき刀有らず。百済王の世子奇生聖音《くしくもせいおんにいき》、

現・中国吉林省鴨緑江中流に建つ好太王碑

故《ことさら》に倭王旨の為に造りて、後世に伝え示さん。」のように読める。

解釈は諸説あるのだが、「東晋の太和4年［369年］5月16日、丙午の日の正午の刻に、百度鍛えたる鋼の七支刀を造る。これを以てあらゆる兵器の害から免れることができるであろう。恭しき王が持つのによいであろう。□□□の作である。先代以来、このような刀はなかった。百済王世子は、その生を御恩に寄せている。そこで倭王の為にこれを造ったのである。後世にこれを示す」といった意味になろう。

つまり、4世紀は、倭が朝鮮半島をほぼ属国化していたと思われる。その中にあって百済は倭の最大の恩恵国となっていた。新羅や高句麗は倭の勢いを怖れ、撃退の機会を待っていた。その交戦の様子が高句麗・好太王碑（広開土王碑）に書かれている。

その中国吉林省に残る好太王碑（広開土王碑）には、「百残・新羅は、旧《もと》是れ属民にして、由来朝貢す。而るに倭は、辛卯の年を以て来りて海を渡り、百残・□□・新羅を破り、以て臣民と為す」とあるのだ。これを見ると、勢力図がわかってくる。

「辛卯の年」とは、391年のころで、「百残」とは百済のことである。

また、『三国史記』倭人伝によれば、402年3月、新羅は倭国と通好したとある。そのとき、新羅17代奈勿《なこつ》王の子の未斯欣《みしきん》を人質に遣わしたという（『三国史記』列伝第五、朴堤上《ぼくていじょう》条98～110および『三国遺事』紀異第一、奈勿《ネムル》王、金堤上《きんていじょう》条27～125を参照）。

しかし、その3年後に、再び倭は新羅に兵を出す。『三国史記』倭人伝（405年4月条）に「倭兵が来りて、明活城《めいかつじょう》を攻める。」とあるのだ。明活城とは、慶州市普門里の地にあり、王城である月城の東方にあったといわれている。

しかも、その2年後、さらに倭人が東辺に侵入し、100人を奪略したともある（第三、実聖尼師今六年〈407年〉3月、および6月条）。

それでは、再び『日本書紀』から、新羅、百済の関係がどうなっているかを見てみよう。

『日本書紀』巻第十、「応神天皇のアジア外交」
～倭による中国への朝貢と新羅侵攻

応神天皇14年2月、百済王が、縫衣工女《きぬいおみな》を倭に奉《たてまつ》った。この年に、弓月君《ゆつきのきみ》が百済より来朝。そのときに、「私は、私の国の百二十県の人民を率いてやってきた。しかし、新羅人が邪魔をして、民が伽耶に留まっています」といった。そこで、天皇は「葛城襲津彦《かずらきのそつひこ》を遣わした」とあるが、その後、しばらく葛城襲津彦は戻らなかったという。

その翌年、百済王は阿直岐《あちき》を遣わし、良馬を2匹倭に賜った。阿直岐は経書を読む学者であった。その阿直岐が、「私より優れた者が百済にいる」といったという。王仁《わに》のことである。すると、天皇は、百済から王仁を召された。王仁は、『論語』「千字文《せんじもん》」を伝えたという。彼は、西文氏《かわちのふみうじ》の祖となる。

16年8月、伽耶に精兵を送り、新羅の国境に臨んだ。新羅王は恐れて、襲津彦、弓月の民を解放。のち大和へ帰ってきた。


そのころ、およびそれ以降の情勢を、『三国史記』および中国の歴史書『宋書』から見てみることにしよう。

『三国史記』倭人伝（実聖王7年2月条）408年、倭は対馬に軍営をおいて、武器や資材、食糧を貯え、新羅を攻撃しようとしていた。それを聞いて新羅は、倭が出兵する前に、精鋭の兵を以て兵庫を撃破しようとした。そのとき、新羅の臣の未斯品《みしひん》は、「倭の兵器は凶器であるので、戦いを避けましょう。高く険しい所に根拠地をつくって立てこもり、関をつくって敵の侵入を防ぎ、状況がよくなれば出撃して敵を捕らえましょう。この策略で倭と対峙すれば利がありあます」といった。王はこれに従ったという。

415年（実聖王14年8月条）には、新羅と倭は風島《ふうとう》（場所未詳）で戦い、新羅が勝ったと伝えている。このころから、朝鮮半島南部で、新羅が軍事的に優勢になりはじめていく。

418年（訥祇《とつぎ》王2年秋条）には、倭に人質として遣わされていた王子の未斯欣《みしきん》が新羅へ自ら逃げ帰ったという。同様の記事は、『三国遺事』や『日本書紀』にも載っている。

その後も倭は、中国の宋への朝貢と新羅侵攻を繰り返す。出来事を年代順に列挙していこう。

431年、倭が明活城を囲み攻めた。

438年、倭王珍が宋に朝貢。安東《あんとう》大将軍倭国王の称号が授けられた。

440年、倭が新羅の南辺に侵入。

443年、倭王済が宋に朝貢。安東将軍倭国王の称号が授けられた。

444年、倭が金城を包囲。

478年、倭王武が宋に朝貢。使持節都督倭新羅任那加羅秦韓慕韓六国諸軍事《しじせつととくわしんらにんなからしんかんぼかんりっこくしょぐんじ》・安東大将軍倭王という称号が授けられた。

479年、宋の後におこった斉に朝貢。倭王武、鎮東大将軍となった。

その年、新羅の梁州の2城を包囲し攻めた。しかし、勝敗がつかないまま帰ったという。この2城は、『三国史記』新羅本紀にある「慈悲王は、倭人がしばしば国境を侵犯するため、外回りに2つの城を築かせた」と記述された城だと思われる。

雄略天皇（倭王武?）とされる「ワカタケル」の文字が見える埼玉稲荷山古墳出土の鉄剣〈複製〉
（国立歴史民俗博物館蔵）

さて、この『宋書』などに登場する「倭王」が、どの天皇にあたるのかは、諸説あるところである。しかし、最後の「倭王武」は、第21代雄略天皇であるという説が有力となっている。それでは次に雄略天皇の時代の倭（日本）と朝鮮半島のつながりを見ていくことにしよう。

『日本書紀』巻第十四、「新羅侵攻」
～雄略天皇、新羅へ侵攻する

新羅は、雄略天皇が即位してから8年も経つのに、倭に朝貢をしてこなかったという。しかし、そうはいっても新羅は宋と結んだ雄略天皇のことを恐れていたのであろう。そこで、新羅は高句麗と好みを結ぶことで国を守ろうとした。ところが、高句麗は、新羅を我が物にするために偽装支援をしただけだったのである。

やがて新羅も高句麗の思惑に気づき、任那国王のもとへ人を送り、「高句麗王がわが国を攻めようとしている。いまやわが国は吊り下げられた旗のように、敵の思うままに振り回されている。累卵《るいらん》（積み上げた卵）のように危うく、命の長短も計れない。どうか助けを任那の将軍たちにお願いします」といったという。

任那王は、すぐに膳臣斑鳩《かしわでのおみいかるが》、吉備臣小梨《きびのおみおなし》、難波吉士赤目子《なにわのきしあかめこ》らを送り、新羅を助け、大いに高句麗を破った。それ以来、高句麗と新羅の2国は険悪な間柄となった。

膳臣《かしわでのおみ》は、新羅に語って、「お前の国はいたって弱いのに、いたって強い国と戦ったのであるから、倭軍がもし助けなかったら、この戦いできっと他人の国になっていただろう。今後は天朝に背いてはならぬ」といったという。

しかし、新羅が、その後、舌の根も乾かぬうちに反旗を翻そうとしている様子が見て取れた。天皇は、「新羅は、対馬《つしま》の先まできて騒ぎをおこしているようすがある。また、百済の城を落としたり高句麗の貢ぎものを奪ったりしているし、自らも朝貢をしようとしない」ので「新羅討伐」の詔をだしたという。また、「新羅は、狼の子のような荒い心があって、飽きるとはなれ去り、飢えると近づいてくるので、攻め天罰を加えよ」といわれた。ここから、新羅との争いが激しさを増していくのである。

このように、5世紀には、倭と新羅との間で多くの戦いがあった。それは、宋や斉など中国王朝への朝貢の時期とほぼ重なっている。まさに、倭が中国の威光を借りて朝鮮半島への進出の足がかりを築くために、任那（伽耶）、百済そして新羅、高句麗と、時に連携し、時に争い、覇権を競い合った世紀といってもよいだろう。アジアで出遅れていた感のあるヤマト政権が、弥生時代から古墳時代、飛鳥時代にかけて強力な古代国家に成長していった足跡を見る思いがするのである。

## 任那や高句麗との通好が結ばれる

5世紀末頃、第24代仁賢《にんけん》天皇が天皇位に就いていた。そのころ、天皇の詔をうけて阿閉臣《あへのおみ》事代《ことしろ》が、任那に行き、「土地を天皇に献上し、天皇をお祀りせよ」と伝えたようである。一時、任那が倭とともに歩まない時期があったため、それを戒めに行ったのではないだろうか。さらに、任那を通じて、高句麗との通商を盛んにしようとしていたふしがある。北九州地域では、有力豪族、磐井《いわい》氏らが大きな勢力を持ちはじめていたころではないかと思われる。

この仁賢天皇は、雄略天皇の計略で討たれた市辺押磐皇子《いちのべのおしはのおうじ》の子であり、父が殺害されたときに都を逃れ、播磨《はりま》で牛や馬の世話をしながら過ごしていた。雄略天皇の死後、22代清寧《せいねい》天皇のはからいで都に帰り、皇位についたという。しかし、実在するかどうかは疑問視する声もある。

## 磐井の反乱を利用して新羅は伽耶（任那）を奪う

507年、第26代継体《けいたい》天皇が即位する。この天皇の御世に仏教が伝わったともいわれている。一般には欽明天皇の御世である538年に百済の聖明王が仏像・経典を伝えたとされているが、それ以前の522年に中国の南朝（梁）から司馬達等《しばたつと》が仏教を伝えたともいわれている。司馬達等は、大和国高市《たかいち》郡坂田原に社をたて本尊を安置し、自ら仏教に帰依礼拝をしたという。このころ蘇我氏も仏教に帰依したと思われる。この後、仏教を受け入れるか否かの論争（崇仏論争）が続いていく。

552年、崇仏派の大臣《おおおみ》蘇我稲目《いなめ》と廃仏派の大連《おおむらじ》物部尾輿《おこし》との争いが表面化し、582年には、大連物部守屋《もりや》が仏殿を焼き、仏像を捨てるという行動にでた。その後、たびたび小競り合いはあったであろう。天皇の祖霊信仰と仏教の対立問題は簡単に解決できる問題ではなかった。しかし、ついに、国体を強固にするためには仏教が必要であるという結論がでたのであろう、587年、聖徳太子や泊瀬部皇子《はつせべのみこ》（のちの崇峻天皇）、大臣蘇我馬子らは、協議して大連物部守屋を攻めることとなった。その結果、物部守屋は敗れ、崇仏派が勝利を得た。このころ、すでに東アジアでは仏教が国家の柱となっていた。中国南北朝や伽耶（任那）も早くから仏教を受け入れていたのである。

話を朝鮮半島との関わりに戻そう。継体天皇が即位して6年目の512年、倭は百済の要請に応じて、任那の4県（上多利《おこしたり》、下多利《あろしたり》、娑陀《さだ》、牟婁《むろ》）を割譲した。また、その翌年の513

年、百済が五経博士段楊爾《ごきょうはかせだんように》を倭に送るという出来事もあった。

５２７年、北九州で磐井の乱がおこる。その経緯を簡単に触れよう。

近江の毛野臣《けなのおみ》という人物が、兵６万を率いて任那に向かう準備をしていた。新羅に奪われた南伽耶を取り戻すためである。

これを知った新羅は、ヤマト政権に反乱を企てようとしている筑紫国造磐井と接触して賄賂を贈り、毛野臣の軍を妨害するように伝えたという。

磐井は、肥前、肥後、豊前《ぶぜん》、豊後《ぶんご》などを抑え、海路も遮《さえぎ》り、高句麗、百済、任那などの船を奪ったりした。磐井は毛野臣と出会うと、「今は、お前は朝廷の使者であるが、昔は同じ釜の飯を食った仲間だ。使者になったからといって、お前が私を従わせることなどできるものか」といって、軍を解かなかった。毛野臣もまた前進することができなかった。

天皇は、「大伴大連金村《おおとものおおむらじかなむら》、物部大連麁鹿火《もののべのおおむらじあらかび》、許勢大臣男人《こせのおおおみおひと》らに「筑紫の磐井の反乱を制する者はないか」といわれた。そこで、物部麁鹿火は言上して、「帝のために、謹んで討ちましょう」といったという。物部麁鹿火と磐井は筑紫の三井郡《こおり》で交戦。必死に戦って相ゆずらないほどの互角の戦いであった。

しかし、ついに物部麁鹿火は磐井を斬り、反乱を完全に鎮圧することに成功したのである。年も明け５２８年となっていた。

## 百済王、任那の多沙津の献上を迫る

翌年（529年　継体天皇23年3月）、百済王は、「日本への朝貢の使者が、いつも航海で岬を離れるとき、風波に悩まされます。波がひどく、船が損壊したり貢ぎ物が濡れたりします。そこで、海路にあたる多沙津《たさつ》の地を頂きとうございます」といった。それを聞いた任那の王が倭の勅使に「もともと、任那の多沙津は、官家《みやけ》（皇族の身分のことをいう）があるときから、私が朝貢のときの寄港地として使っているところです。たやすく隣国（百済）に与えられては困ります」といった。任那の多沙津は、金官国にある重要な河口であり、ここから、軍船や商船が出港する。また、そこから洛東江を上り、朝鮮半島の楽浪郡や帯方郡などへ穀物などが運ばれていたと考えられる。

しかし、結果として多沙津は百済に譲られた。交易の重要な拠点を奪われた任那は、新羅と結んで百済や倭と交戦するようになった。任那と新羅が仲を深めるために、任那王は新羅王の女を娶《めと》ったという。この婚宴の譚は、任那王からの申し出だといわれている。100人のお供もついてきた。しかし、その100人に新羅様式の服を着せて送ったことが、任那王を怒らせたという。そして、任那王が、「我が国のしきたりの服制を無視した」といってお供を新羅に送り返すと、新羅王は「それなら嫁に行った娘を返せ」と迫ったという。任那王は、「もう夫婦となって、子どももいるのにどうしようというのか」などといっているうちに新羅王は、奇襲をかけて刀伽《とか》・古跛《こへ》・布那牟羅《ふなむら》の3つの城を掠めとった。また、北の境の5つの城も落としたという。そこから、新羅は、任那諸国の中でも有力な国であった金官国に侵攻して、ほぼ占領したと思われる。そして、金官国は、百済派・新羅派に領土が分裂して弱体化していったのである。

## 任那の国土が新羅に侵犯される

529年（継体天皇23年）4月7日、任那王の己能末多《このまた》が来朝した。新羅が任那の領地を奪ったという報告をしたのである。任那王とはどういった人物なのだろうか。

この1年半ほど前に、継体天皇は、磐井の乱平定に際し、物部麁鹿火に「大将は兵士の死命を制し、国家の存在を支配する。つつしんで鉄槌を加えよ」といわれた。これは、大将は兵の命をあずかっているので国の存亡をかけて戦い、勝ってほしいという詔であった。また、天皇は将軍の印綬を大連に授けて、「長門より東の方は自分が治めよう。筑紫より西はお前が統治し、賞罰も思いのままにおこなえ。一々に報告することはない」といわれたという。このときから、朝鮮半島（任那）を含む九州より西を統治する王として、任那王を立てたのではないか。その王は、物部氏であった可能性がある。

いずれにせよ、北九州、朝鮮半島の覇権をかけた戦いがはじまった。同529年4月、任那にいた倭の近江の毛野臣に、「任那と新羅を和解させるように」という詔が下された。毛野臣は、「任那と新羅が和解協定を結ぶ」ために、両国の王が会える機会をつくろうとした。しかし、どちらの王もこれを受け入れず、臣下だけが集まった。詔と違う結果になったことに毛野臣は怒り両国の臣を追い返したという。

これに恐怖を感じた新羅王は、大臣に指示して、毛野臣に会って天皇の詔を聞いてくるようにと命じた。このとき、新羅の大臣は3000の兵を連れて毛野臣のもとへやってきたという。この3000の兵を見た毛野臣は、これを新羅軍の侵略と思いこみ、恐れて城に入り、誰とも口を聞かなかったという。こう着状態が3ヶ月間ほど続いた。新羅側のほうも毛野臣が救援軍を待っているとでも思ったのだろうか。3ヶ月間、何もおこらず進展もなかった。

しかし、あるとき、新羅の兵は、毛野臣の従者が拳を上げて兵を威嚇したのを見たという。これを、剣を振り上げて出撃する合図だと錯覚したのであろうか。それを大臣に伝えると、新羅は、すぐに軍を動かした。誤解が重なり、新羅による任那侵攻事件に発展してしまったわけである。

新羅は、たちまち背伐《へだつ》、安多《あた》、委陀《わだ》などの邑を攻撃し、支配下においた。籠城を決め込んでいた毛野臣は、大失態をしてしまったのである。新羅の3000の兵は、正規部隊で兵糧も武器も備えがあったであろう。戦わずして、任那は負けてしまった。この後、「4つの邑が盗まれたのは毛野臣のせい」であると囁かれたという。

## 聖明王の提案「任那復興」協議

この後、29代欽明天皇は、541年、11月、新羅の侵攻等により、劣勢にあった任那の復興計画をすすめるようになる。その話に入る前に、この前後の流れを復習の意味も含めて時系列で押さえておくことにしよう。


507年、大伴金村らが越前より継体天皇を迎え、継体天皇が即位。

512年、百済の要請で、伽耶の4県（上多利、下多利、娑陀、牟婁）を割譲。

527年、伽耶復興のため近江の毛野臣が遣わされたが、新羅・筑紫国造磐井らに阻まれて失敗。

528年、物部麁鹿火が磐井の乱を平定。

529年、新羅により、背伐ほか、任那の邑が奪われる。
531年、継体天皇崩御。
541年、任那復興協議開催。
554年、倭と百済の連合軍は、新羅と戦い敗れる。百済の聖明王《せいめい》没。
562年、新羅により、任那が滅亡。

百済・新羅が任那を次々と領有していく流れが確認できるであろう。

さて、百済の聖明王が「任那復興協議」を要請したのは、前述のように欽明天皇2年（541年）4月である。このとき、聖明王は、安羅、加羅、多羅などの官職を集めて、「日本の天皇の意思は、もとより任那の回復を図りたいということである。どんな策によって、任那を再建できるだろうか。皆が忠を尽くして御心を安んじようではないか」といったという。

百済の聖明王が一同に向かって、日本の天皇の詔を話すと、列席の人々はそれに応えて「前に、再三、新羅とは話し合いましたが、まだ返事もありません。また相談したことを新羅に告げても、回答することもしないでしょう。任那を復興しようという大王（聖明王）のお考えに異議はございません」といった。

聖明王は、「昔、わが先祖速古王《そくこ》・貴首王《くいしゅ》の世に、安羅・加羅・卓岐《とくじゅん》の旱岐《かんき》（※官職）らが、使いを遣わして、相通じ親交を結んでいた。兄弟のようにして共に栄えることを願ったのである。ところが、新羅に欺かれて、天皇の怒りをかい、任那からも恨まれるようになったのは私の過ちであった」といった。続けて「自分は深くこれを悔いている」そして、「天皇が、『任那をすみやかに再建しよう』と仰せられるので、任那国の再建を考えたい」とまで話した。また、かつて新羅が高句麗に助けを乞うて、任那と百済を攻めたが、勝てなかったことを引き合いにだして「新羅がいかに強かろうと、負けることはない」と集まった旱岐たちに言い聞かせたという。

そして、「天皇の威光に頼れば、任那はきっと復興できる」ともいった。新羅への和解と謀略をどう計画、実行していくかという重い課題を抱えながらも、聖明王は、集まった1人ひとりに褒美の品を贈った。皆喜んで、それぞれの国に帰っていったという。

同じ年の7月、聖明王は、任那の日本府と新羅とが内通していることを聞いたという。この「日本府」とは大和朝廷が任那に置いた政治・軍事組織と考えられている。その日本府の河内直《かわちのあたい》が謀略について新羅に話したというのだ。聖明王は、それを責め罵倒したという。ちなみに、百済本紀には、河内直ではなく、加不至費直《かふちのあたい》などであったとしている。

聖明王は、「新羅が掠《かす》めとった国、南伽耶、喙己呑《とくことん》を奪い返し、任那に戻そうではないか」といっている。これは、再三、再四でてくる言葉ではあるが、新羅の甘言に騙されて策略にはまる過ちを警戒するよう、任那の旱岐たちに話しているところである。また、聖明王は「任那は、新羅と国境を接しているので、警戒をおろそかにはできない。また、先祖が築いた土地を、新羅の計略で失ってから悔やんでももう及ばない。天皇も『任那がもし滅んだら、汝の依りどころを失う。任那が復興すれば汝の助けにもなろう。今、任那をもとのごとくおこし、汝の助けとして人民を満足させよ』といわれた。新羅が任那を警戒しているのは、まだ任那に恐れを抱いている証なので、沈黙しているこの隙をついて新羅を討つのがよいではないか」などと何度も何度も、旱岐たちに対して、新羅討伐への意欲の高揚を促したとある。

後に述べるが、聖明王は新羅戦で命を落とす。このときの新羅兵は3万といわれている。命の危険が迫っているのを知っていたかのように、聖明王は、「任那復興」を促したわけである。このとき、任那日本府はどう動いたのであろうか。欽明天皇は、任那の兵の数を増やしたのだろうか。

## 聖明王、「任那復興」計画を呼びかける

543年(欽明天皇4年)11月、百済の領地の没収についての詮議の詔勅《しょうちょく》が津守連《つもりのむらじ》に伝えられ、津守連は、「任那の下韓《あるしからくに》にある、郡令《こおりのつかさ》、城主《きのつかさ》を日本府に帰属させる。また、早く任那復興をせよ」

という天皇の詔を百済の聖明王に伝えた。

新羅に掠めとられた南伽耶、喙己呑《とくことん》をそのままにして、百済領の下韓を任那日本府に帰属させるという理由《わけ》がわからなかったのであろう。聖明王は、「郡令と城主はそのままにして、早く任那を復興せよという詔を実行しよう」といっただけという。何れにせよ新羅、百済のどちらも領土を手放す気など微塵もなかったわけである。512年に百済に割譲されて以降、任那西部は、百済領になって久しいのである。これは、大連大伴金村が裁断した公式割譲であった。今から返せというのは道理のないことである。

再三、聖明王は協議を招集しようとした。欽明天皇による歴史に残る任那復興の協議がはじまる。544年（欽明天皇5年）3月に、百済は奈率得文《なそつとくもん》と奈率奇麻《なそつがま》らを倭国に遣わした。天皇に上表した内容を見てみると、日本府の的臣《いくはのおみ》は百済に呼び出されたのだが、「正月がきていますので、それが過ぎてから参上したい」といい、なかなか協議要請に応じなかった。また、使いを遣わしても、「神祀りのときにかかっているので、これを過ぎてから行きたい」と答えたという。「使いの者の身分が低いので、協議への参加はできない」とまでいったという。このようなことが何度か繰り返されたという。百済の使人は、「近頃の日本府は腐敗している。実務は、身分の低い移那斯《えなし》・麻都《まつ》らにおこなわせて、的臣らは報告を聞くだけで何もしないという好ましくない状態にある」といった。また、「的臣が日本府にいるかぎり、任那は復興しないでしょう。早く、そのような的臣を除いてください」と告げて帰国したという。彼らは将として無能であると訴状したのである。『三国史記』百済本紀には、これらのことが天皇に奏上されたとあるが、的臣、河内直、移那斯、麻都らの処分についての返事はなかったようである。それどころか、『日本書紀』には、使人の奈率得文が、的臣らに「お前たちは、そこにある日本府と共に、相談して良い計画を立て、速やかに任那を建てよ。よく用心して新羅に欺かれるな」という記述がある。処分どころか励ましに近い書状が届けられているのである。

とはいえ、欽明天皇5年のころは、任那も日本府も戦意を喪失していたと考えられる。そして、2回目の「任那復興」計画が発案される。

## 2回目の任那復興計画の発案

欽明天皇は、544年（欽明天皇5年）11月、聖明王の「任那復興計画」案の要請に応じた。そこで、百済は使いを遣わし、日本府と任那の執事《つかさ》を呼んで、「一緒に任那のことを図るように」といった。

百済王は、口を開くやいなや、「欽明天皇の詔を賜っている」といい、それは、「早く任那を建てよ」ということだと告げる。そこで、具体的な新羅への計略はどうするのかと一同に聞いた。吉備臣や任那の旱岐は、『任那の復興は、ただ大王の決意如何《いかん》です。我々は王に従って共に勅を承ります』といったという。やがて、王は3つの任那復興計画（新羅や高句麗への対抗計画）を口にする。

まず、新羅と安羅国との間の大河（洛東江）沿いの要害の地に新羅の5つの城があるが、これを取り囲むように6つの城をつくり、そこに兵を500人ずつ配置し、新羅が農地で作業ができないようにする。そうすれば、新羅は自ら農地、領土を放棄するであろう。日本の3000人の兵と百済の兵とでそれを実行しよう。兵糧は、百済が供給する、とした。これが3つの策のなかの1つである。

また、高句麗は南韓《ありひしのから》（下韓《あるしからくに》）に侵攻してくるであろう。これに関しては、下韓に城をつくることで防ぐことができる。6つの城は、新羅の侵攻を防御できるし、また同時に強敵高句麗の南下の防御にもなるという。これが2つめの策である。

さらに、任那国に、吉備臣《きびのおみ》、河内直、移那斯、麻都の4人がいては、復興を仰せられても叶えることができないとし、早く、日本へ遣わして欲しい。つまり、将として才がないということが付け加えられている。これが、3つ目の策であるという。

このような3つの対抗策を講じたにもかかわらず、562年、新羅は、任那や官家、伽耶諸国を滅ぼしてしまった。

どのように任那は滅んだのであろうか。

## 伽耶諸国（任那）はこうして滅亡した

新羅は、任那滅亡の前年にあたる561年（欽明天皇22年）にも、2度ほど日本に調《みつぎ》をもってきたという。しかし、2度目は調賦を献上せず帰ったともいわれている。諸国を案内する日本の接待役によって、百済の使者の後回しにされたことに腹をたてた新羅の使者が、客舎に入らず、そのまま国に帰っていったらしいのだ。

その少し前に、その使者が穴門《あなと》（山口県下関市）に着いたとき、穴門館が修理されているのを見て不思議に思い、工事をしていた河内馬飼首押勝《こうちのうまかいのおびとおしかつ》に尋ねたところ、「西方の無礼な国を問責する使者が泊まる所」といったという。これは、きっと新羅を攻める準備をしているのだと思い、新羅に帰り、このことを王に伝えたところ、新羅は阿羅波斯山《あらはしむれ》に城を築いて、日本の侵攻に備えたという。新羅は交渉が決裂すると、城を構えてその隣国に侵攻することが多くあった。阿羅は、多島海に面した南海岸の国であったが、そこに山城を造ったのであろう。

『日本書紀』では、この翌年（562年　欽明天皇23年）1月に任那の官家は滅ぼされたとある。

新羅は、任那の西部にあたる、10国を領地とした。加羅国、安羅国、斯二岐国、多羅国、率麻国、古嵯国《こきのこく》、子他国、散半下国（散半奚国）、乞飡国《こつきんこく》、稔礼国《にむれのこく》などであった。任那はことごとく領土を失ったのである。

捕虜になった伊企儺《いきな》という将軍の妻が、悲しみを歌った歌がある。

「カラクニノ、キノヘニタチテ、オホバコハ、ヒレフラスモ、ヤマトヘムキテ」

（大意：韓国《からくに》の城の上に立って大葉子は、領巾《ひれ》（スカーフのようなもの）を振られる。日本の方へ向かって……。）

また、別の人が歌った歌もある。

「カラクニノ、キノヘニタタシ、オホバコハ、ヒレフラスミユ、ナニハヘムキテ」

（大意：韓国《からくに》の城の上に立って大葉子が領巾を振っておられるのが見える。難波の方へ向いて……。）

遠くから見ていた倭人が残したのであろう。

これらの歌は、処刑の前のようすを歌にしたものであると思われる。

その年の8月に天皇は大将軍大伴連狭手彦《おおとものむらじきでひこ》を遣わし、高句麗の都・漢城（現在の平壌）を数万の兵をもって討たせたとある。これは、百済の計《たばかり》を用いておこなわれたという。高句麗は、当時、華北の戦況に目を向けていたと考えられる。その隙を狙った計略ではなかったか。百済は先の548年に高句麗の南下で、王都・漢城の領地を奪われたことがある。その奪回を目指したと思われるが、倭国のメリットは何であろうか。勝てば、任那に代わる領地を得るという密約があったのであろうか。連合軍は、王都まで攻め上がり、宮中に入り、珍宝・七織帳《ななえのおりもののとばり》・鉄屋《くろがねのいえ》を手に入れた。そのうち、七織帳を天皇に献上し、鎧《よろい》二領・金飾《こがねづくり》の大刀二口・銅鐘三口・五色旗二竿・美女の媛《ひめ》と従女の吾田子《あたこ》を蘇我稲目《そがのいなめ》に贈ったという。

## 敏達天皇の任那復興への願い届かず

欽明天皇は、５７１年に崩御され、翌年の４月３日に敏達《びだつ》天皇が即位した。新羅は、使臣を遣わし、調《みつぎ》をもってきたが、日本の朝廷は受け取らなかったという。

敏達天皇は、５８３年（敏達天皇12年）７月１日の詔として「亡き父、欽明天皇の御代に、新羅は任那の内官家《うちのみやけ》を滅ぼした。先帝は、任那の復興を図られたが、果たされないで亡くなった。そこで、私（敏達天皇）は尊い計画をお助けして、任那を復興しようと思う。いま、百済にいる肥《ひ》の葦北国造《あしきたのくにのみやつこ》阿利斯登《ありしと》の子の達率《たつそつ》日羅《にちら》は賢くて勇気がある。彼と計画を立てたい」といわれたという。日羅は、百済王に仕える倭人であった。

その日羅は、天皇の詔を受けて、任那復興の計略を立てたいと思ったが、百済王が彼の智謀を認め、しばらくは百済に留めて遣わせなかった。そこで、敏達天皇は、吉備海部直羽島《きびのあまのあたいはしま》を遣わし、百済王にいかめしく性急な素振りで詔を示したという。百済王は、恐れ畏《かしこ》まりあえて勅使に逆らうことはしなかった。この間、百済にいる諜報が王の側近の内情を勅使に知らせた。百済はすでに任那の復興に関心はなく、任那復興への協力を得ることができないだろうという情報であったと思われる。

天皇の意向を受け、やっと遣わされた日羅は、「百済は、謀略をもって『船300隻ほどの人間が、筑紫などに居住したい』と願いでています。それは、百済がそこに国をつくろうとしているからです」といったという。そして、「女や子どもが先に船でやってきます。これを、対馬・壱岐で多くの伏兵をかくしておいて、退治するべきでしょう。逆に、百済に欺かれないように用心し、すべての要害には、しっかり城塞を築いておくとよいでしょう」などともいったという。しかし、この後、日羅は百済の使人（倭系百済人？）に殺されてしまう。日羅を失ったことで、任那復興は夢となり、誰も語らなくなったようである。『日本書紀』でも「任那（伽耶）」に関する話は、見当たらなくなる。

そして、日本は、古墳時代から飛鳥時代へと入っていくのである。

# 《第四章》

# 地形と青銅器に見る朝鮮半島と倭人

## 朝鮮半島南部や島々に住む倭人たち

古来より、新羅と倭は切りはなせない縁で結ばれていた。紀元前57年に即位したという初代王赫居世《かくきょせい》王は、倭人である瓠公《ここう》を大使として馬韓に遣わし、国の命運を委ねた。また、4代王脱解王は、多波那《たばな》国の生まれとされているが、その国は倭国の東北1千里にあったと書かれている（『三国史記』倭人伝）。その場所については、諸説あるのだが、朝鮮半島と北九州との間にある島だと考えられている。また、『三国志』韓には、済州島に倭人が多く住んでいるとある。島の民は入れ墨をし、漁労に従事していたという。これも倭人の海人たちのようすに当てはまる。済州島も倭人の国だったと思われる。済州島は金官国にも対馬国にも近い位置にあって、海人の交易の航路にあたっている。この辺りの航路は、縄文時代から安曇族が交易路として開拓した海上のハイウェイだったのである。

このように、済州島から、北九州、朝鮮半島をめぐる海域には、多くの倭人が住んでおり、新羅ら多くの国の政治や経済にも深いかかわりを持っていたようなのである。

それでは、ここで少し時代をさかのぼって、日本の弥生時代中頃にあたる前50年から122

年までのこの海域における倭人の動きなどを『三国史記』から抜き出してみることにしよう。

前50年　倭人、兵をつらねて辺を犯そうとしている。

前20年　瓠公、馬韓王に、弁韓・倭人などが新羅に対し畏れを懐いていることを説く。

11年　倭人、兵船100余隻をもって海辺の民戸を襲う。

59年　新羅が、倭国と好みを結ぶ。

73年　倭人、木出島を侵す。（木出島とは、慶尚南道にある目島という）

121年　倭人、東辺を侵す。

122年　倭兵、大いに来るとの報があり、新羅の都の人が山谷に争って逃れた。

この時代、海面が現在より数10メートル高かったといわれており、日本の沖積平野は水没していた。しかし、利点もある。それは、海岸から陸の奥地まで物資を送り届けることができたことである。また、海を越えての人の移動も楽にできた。

縄文時代の船は刳舟《くりぶね》だったといわれているが、その場合、どんな方法で渡海したのであろうか。一説によれば、刳舟どうしを結んでの渡海だったという。これによって、水没を防ぐことができるし、一度に多くの人を載せて、荷物の運搬もできた。漕《こ》ぎ手は男である。女、子どもは乗っていただけであろう。赤壁の戦いでは、曹操が船酔い対策として船どうしを鎖で繋げる策にでた。このときは、これが火計を呼ぶこととなり敗北した原因となったが、船酔い対策に

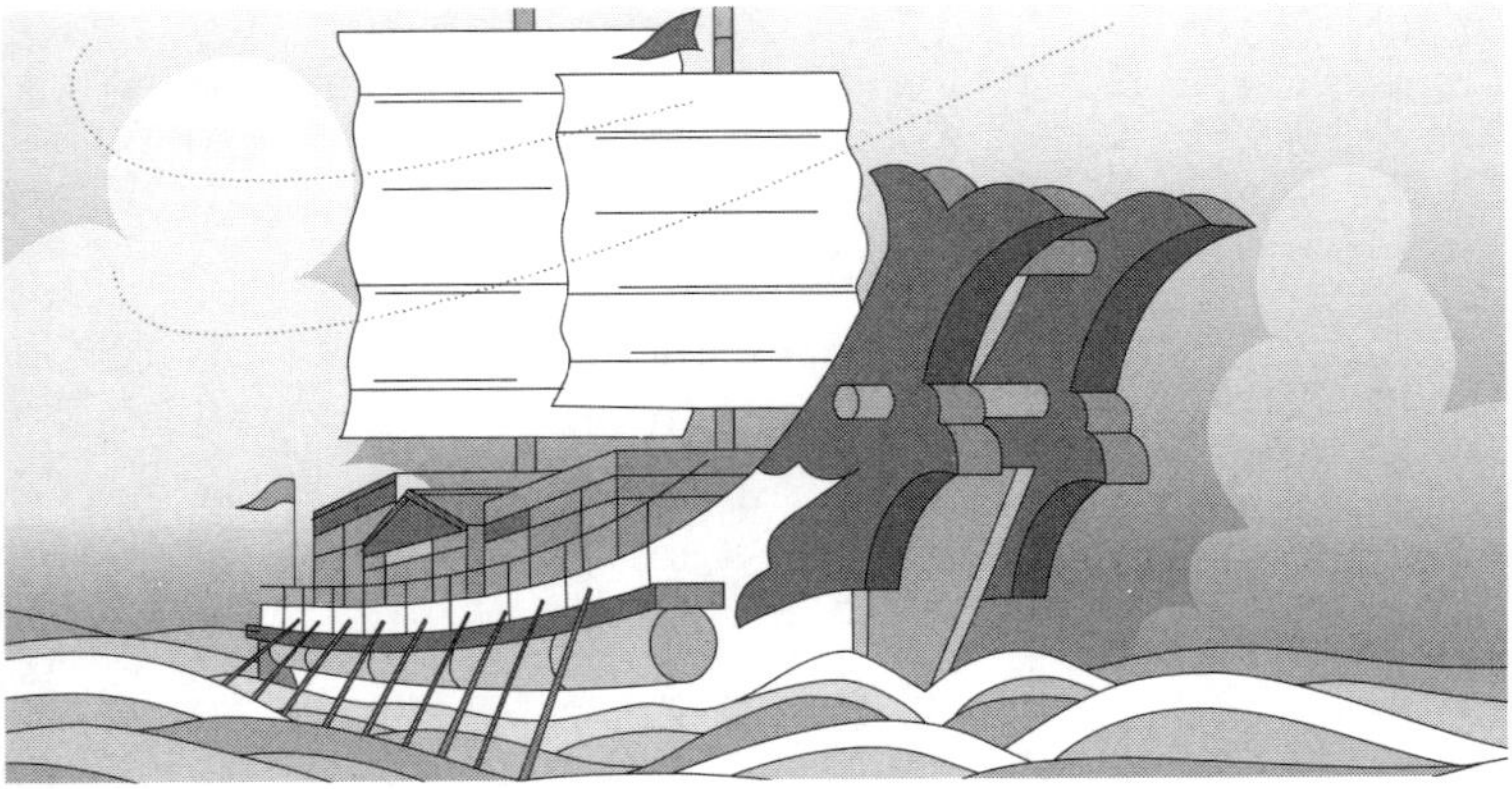

動力はマストに受ける風と多数の漕ぎ手だけだった遣唐使船

もなったのである。越の滅亡による移住民もそうだったのであろうか。

遣唐使船には、漕ぎ手が1隻で60人いたといわれている。100人から120人が乗船できたが、半分は漕ぎ手である。すなわち、動力《エンジン》であった。しかも、マストも2本あった。それほどまでの動力を必要とするくらい、黄海を渡って中国大陸へ向かうのは至難の業だったということである。それと比較すれば、朝鮮半島と北九州との間の海は、一時的に避難できる島々や潟が多くあるので、移動や移住は容易だったと思われる。それは、倭の新羅への侵攻を見れば、一目瞭然である。ここには、3000近くの島々が点在している。倭人・倭族がここに居住し、それぞれに小国をつくっていたと考えられる。

ちなみに、古代エジプトにおいて船の建造がはじまったのはいつごろからであろうか。「クフ王の船（通称『太陽の船』）」は、1945年と1987年にギザの大ピラミッドの付近で発見された2隻の船である。クフ王は、古王国時代第4王朝（紀元前２５００年）のファラオであった。クフ王の第一船は、長さ42・32メートル、幅5・66メートル、最大高7・3メートル、推定重量約50トンという巨大な船であった。材質はレバノン杉、ビャクシン、アカシアなどであった。現在、クフ王の第二船は復元中である。エジプト考古庁と早稲田大学エジプト学研究所が共同研究を進めている。埋蔵された木片６００以上を回収して復元中であるという。これら二つの例からわかることは、船の建造技術は、はるか古代からあったということである。

前57年の建国当時の新羅（辰韓）は、朝鮮半島の南東に位置していた小国で「斯盧《しろ》」と呼ばれていた。斯盧は、しだいに、周辺の小国を併合しながら大きくなった。この小国には、多くの倭族・倭人や中国人が居住し、国を建てていた。

1世紀ごろの朝鮮半島は、辰韓（後の新羅）12ヶ国、弁韓（後の伽耶）12ヶ国、馬韓（後の百済）50ヶ国に分かれていたのである。ちょうどそのころ、倭の奴国王が後漢に朝貢し「漢委奴国王」の金印をもらい（57年）、倭国が東アジアに台頭しはじめるきっかけともなっていった（『後漢書』東夷伝）。

建国後の斯盧は、どのように周りの国を吸収していったのであろうか。その手法は、倭の海人の知恵をそのまま受け継いだのではないかと思われる。倭は海人の国でもあったので、外交という専門的な取引の方法を自然に身につけていったと思われる。「取引」とは、利益がでるような交渉で、けっして損をしてまで取引はしないのが商売である。

志賀島出土金印（印文「漢委奴國王」）（国立歴史民族博物館蔵）

斯盧に併合されていった倭人・倭族は、しだいに大きな力をもつようになったのであろう。倭人・倭族が入ることによって、海人のもっている商圏とのつながりや交易権・交渉力も得ることができた。ここでいう海人とは、安曇族のことであり、彼らがもっている海の交易ルート・交渉国などは国を富ませるための重要なファクターであった。これが、古代朝鮮の南部の姿ではなかったか。

不思議なのは、なぜ辰韓（新羅）と弁韓（伽耶）という東南部に、倭人・倭族・中国人が集中して居住したのかということである。これには理由がある。中国難民は、朝鮮半島の地理地形をよく知っていたからであろう。なぜ朝鮮半島の地理地形に詳しい中国難民が、朝鮮半島東南部に移動したのか。その理由を探るために、少し遠回りして古代中国の歴史から見てみることにしよう。

## 中国王朝の興亡と朝鮮半島の地形

伝説によれば、中国には、尭《ぎょう》、舜《しゅん》、禹《う》という理想的な帝（三帝）がいたという。その3人目の禹帝がおこしたのが、夏《か》王朝である。禹帝は黄河の治水工事で功をあげたことで、舜帝から帝位を譲られ王朝を築いたとされている。中国には、早くから治水や大規模建築などの都市計画が存在していたわけである。

この夏王朝は、17代450年間続いたという。夏の都はどこにあったのであろうか。それは、黄河中流域にあたる河南省偃師《えんし》市二里頭《にりとう》村の二里頭遺跡のある地だといわれている。ここから、紀元前2000年ごろの宮殿跡が発見された。また、青銅武器や爵《しゃく》といわれる中国古代の3本足のある酒器や儀礼用の武器なども出土している。

ちなみに、夏王朝の前に栄えていたのが、竜山文化であった。竜山文化は、山東から黄河の中、下流域が勢力範囲であり、粟や黍《きび》などを栽培し、稲作もおこなわれていたのである。そして、夏王朝の次に栄えたのが、殷《いん》王朝である。殷王朝の王都は、殷墟《いんきょ》で、現在の河南省安陽市の市街地にあった。ここから、1899年に亀の腹甲に文字が書かれたものを北京に在住していた考古学者の劉鶚《りゅうがく》氏が発見した。これは甲骨文字と呼ばれるが、解読は彼の友人の羅振玉《らしんぎょく》らによってなされた。羅振玉もまた、考古学の分野で活躍していた人物であった。この甲骨文字の発見にはちょっとしたエピソードがある。それは、「たまたま農夫が掘り出して薬局に売ったという竜骨を、劉鶚が買って、よくよく見てみたら文字が書いてあることがわかった」というものである。事実は小説よりも奇なりというが、意外と真実かもしれない。これは、志賀島で農夫によって発見されたという「漢委奴国王」の金印のエピソードを想起させる。

その後、殷王朝では、暴君といわれた紂《ちゅう》王の悪政が続いた。帝の叔父にあたる比干《ひかん》という人物がそれを諫めたが、受け入れられず刺し殺されたという。そのとき、もう1人の叔父であり、貴人といわれていた箕子《きし》という人物も、朝鮮の地に投獄され、臣下として扱われなくなったという。

そののち周が攻めてきて殷は滅びる。その際に、箕子は解き放たれ、同時に多く人民が朝鮮半島に逃げたと思われる。周王朝の王は朝鮮半島など東夷に領地を拡大する考えはなかったのであろう。周が朝鮮半島に深く介入することがなかったのをよいことに、箕子は、朝鮮半島に箕子朝鮮を建国するのである。首都は、現在の平壌にあって、ここに、箕子の遺跡がつくられた。しかし、現在は、破壊されてその姿はない。この平壌は、古代から現在に至るまで混乱を極める激戦の地となっていく。

朝鮮半島を見れば、南北に太白《たいはく》《テベク》山脈が500㎞ほど走っている。北朝鮮には高さ1638メートルの金剛《こんごう》《クムガン》山があり、朝鮮半島の「屋根」というイメージが浮かんでくる。この太白山脈および小白《しょうはく》《ソベク》山脈により朝鮮半島は、東西に分けられている。この１０００メートル級の山脈は険しく、兵を寄せ付けない。東側の海辺は幅の狭い平野ではあるが、居住には適している。山脈が北からの兵の侵入を防いでいる要害の地なのであるが、北東や南からの侵入には弱い。西側は、黄海に接しており平野は広い。ここは、高句麗が何度も百済の漢城を落としたように兵の侵入を受け易いところである。

山脈が東西を分けている朝鮮半島

３７１年　百済が高句麗の平壌城を攻め、高句麗故国原王戦死。
３９２年　高句麗が百済北部を攻め、10余城を落とす。
３９６年　高句麗が百済を討ち、58城を奪い、百済王弟を人質とする。
４５５年　高句麗が百済を討ち、新羅が百済を助けた。

という感じである。歴史が朝鮮半島の防衛の弱さを証明している。

また、朝鮮半島は、中国に近いため侵略の危険とはいつも背中合わせにある。つまり、地理的に無防備なところなのである。一方、南側には洛東江がある。これにより、朝鮮半島の南端は、様々な人種が行き交い、物流が活発になり、そこを拠点にして国が繁栄してきた。このような状況を知っていたからこそ中国の移民は朝鮮半島の東南部に多く移住したのであろう。彼らは朝鮮半島の地理に明るかったのではないかと想像できるわけである。

## 銅鏡、銅鐸、鐘、鼎……青銅器の持つ意味とは？

三角縁神獣鏡《さんかくぶちしんじゅうきょう》は畿内や瀬戸内海沿岸の前期古墳（3世紀後半～5世紀）から副葬品として出土している。

しかし、松本清張氏によれば、製作地であるはずの中国（魏）からは1面しか出土していないし、中国から日本への通路にあたる朝鮮半島からは1面もでてきていないという。一方、日本では、近畿地方を中心にして関東から北九州に広く分布している。実際に出土しているのは、300面ほどであるが、模造品や失われたものを合わせると2000面はあるという説があるくらいである。

考古学上、魏製の三角縁神獣鏡のことを舶載鏡《はくさいきょう》（錫《すず》の含有量が多く白銅となる）という。それに対し、日本でつくられた三角縁神獣鏡は仿製鏡《ほうせいきょう》という。日本で多数発掘されているこの鏡は地方の大王や豪族らの手によってつくられたものではなく、魏からの渡来人によるものだと考えられている。その一方で、倭人がしだいに魏の職人から教わりつくったともいわれている。漢字の表記がしだいに曖昧になっている点からそう判断されている。

神原神社古墳出土三角縁神獣鏡〈複製〉(国立歴史民俗博物館蔵)

銅鐸にいたっては、日本でしか発見されていないという。それも近畿地方と広島県、香川県に集中しており、九州北部では少数の発見に留まっている。銅鐸の原型とされているのは、馬につける装飾品の一種の鈴であった。

梅原猛著『葬られた王朝』のなかで、考古学者の佐原真《さはらまこと》氏は「銅鐸の源は馬の首に着けた朝鮮の馬鈴である」といっている。

拙著『甦る「古代の王朝」』でも紹介しているが、元になるものは、渡来したスサノオがもってきたと考えられている。これが、日本にくると、銅鐸に変化し祭祀用と

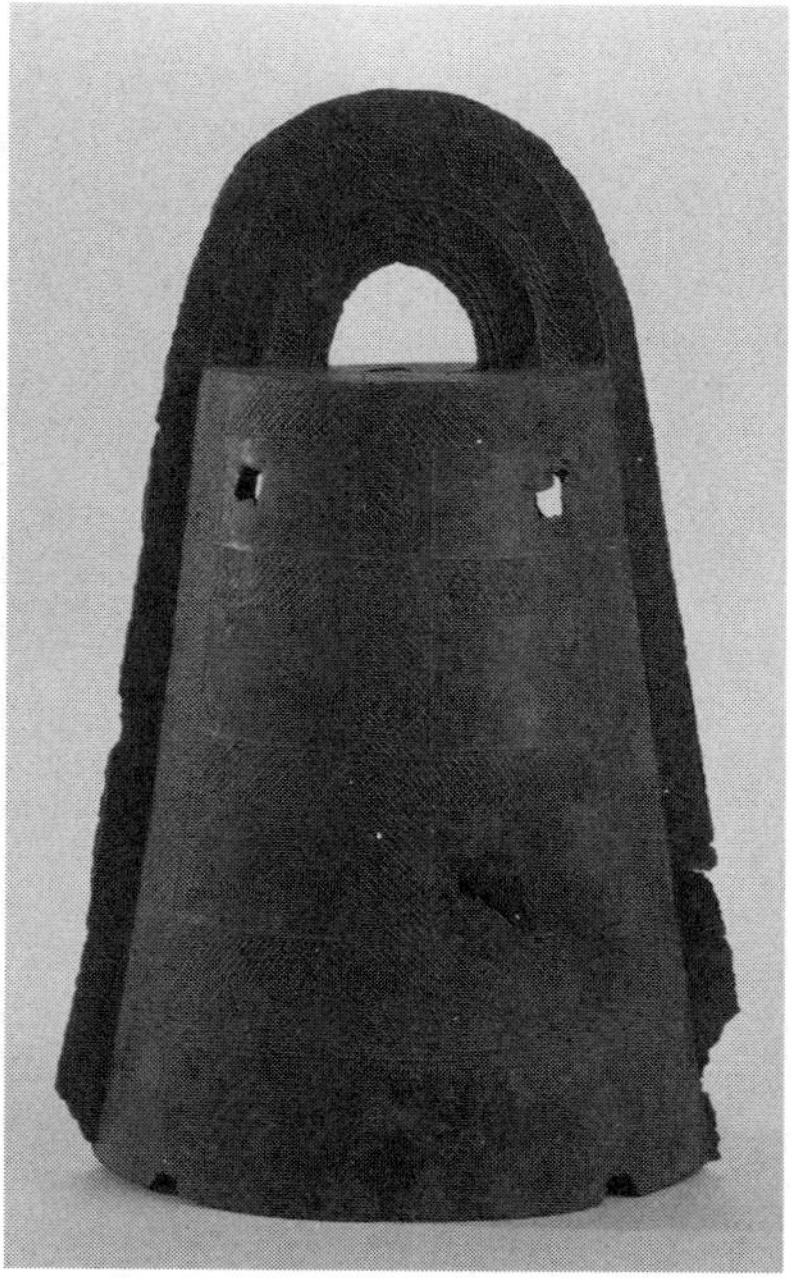

銅鐸（桜ヶ丘出土４号袈裟襷文銅鐸）〈複製〉
（国立歴史民俗博物館蔵）

して巨大化していったとみられている。つまり、銅鐸は日本独自のアイデアでつくられて発展したものであることがわかる。

祭祀で使われていた銅鐸は、時代が下ると釣鐘になったと思われる。京都・妙心寺《みょうしんじ》の梵鐘《ぼんしょう》・釣鐘には、内面に戊戌《つちのえいぬ》（戊戌《ぼじゅつ》）年（698年）筑前糟屋評《ちくぜんかすやのこおり》（現在の福岡市東区?）などの銘がある。製作年代や製作地の明らかな日本製の梵鐘としては最古のものであるとされている。

鐘の源流、ないしは祖形を仏教発祥の地であるインドに求めることができるであろうか。釈迦が説法をおこなった場所とされている祇園精舎《ぎおんしょうじゃ》には5つの寺院、いわゆる「天竺五精舎《てんじくごしょうじゃ》」があり、そのなかの1つの場所から釈迦の布教が始まったとされている。1981年、日本から祇園精舎に鐘と鐘楼が寄贈され、インド政府立会いのもとで落成式がおこなわれている。ということは、そもそも祇園精舎（祇樹給孤独園精舎《ぎじゅぎっこどくおんしょうじゃ》）の鐘は、いつごろなくなったのであろうか。仏教は紀元前5世紀から紀元前2世紀ごろにかけて成長しており、この間、中東やアジア、中国へ影響を与えていた。このころ祇園精舎の鐘はまだあったようだ。というのは、平家物語に「祇園精舎の鐘の声、諸行無常の響きあり…」という一節があることからも、13世紀はじめあたりまでは健在であったと思われる。現在の史跡をみれば、インドにあったコーサラ国の仏教聖地の繁栄は想像できなくはない。紀元前3世紀、秦の始皇帝のときは中国では道教が盛んであった。前漢の時代は、どちらかと言えば、道教が皇帝や官僚たちの間にも浸透していたのである。アンリ・マスペロ著『道教』によれば、後漢時代では、ますます道教が中国全土に流布していたという。もちろん仏教も流布していたので、道教と仏教の同居時代であった。道教の道士による禊の儀式などもこのころに流行していくのである。官僚の間にも広まった。これが仏教に受け入れられ日本にももたらせられたと推論できる。そして、縄文時代から続く土偶やアニミズムと重なり日本人のこころが象られたのである。七世紀はじめに唐が興り、仏教が道教にかわり皇帝や官僚、民に浸透していく時代を迎えた。この影響を受けて、日本も仏教を基にした国づくりが始まり、いたるところに寺院が建てられ、鐘がつかれ「鐘の声」が響いた。日本の梵鐘は、スサノオが朝鮮半島から持ってきたのがキッカケではあるが、独自の発展を遂げたのである。

しかし、古代中国の青銅器に鐘の源流といわれるものがある。殷・周時代に製作された「編《へん》鐘《しょう》」という青銅器である。最初は、横木につるされる数個の鐘からはじまったといわれ、戦《いくさ》での合図に使用したり、祭祀祭典などに使用されたりした。また、王の権威の象徴でもあったといわれている。それが、しだいに建家のなかに釣られるようになり、朝鮮半島をへて日本に伝わったとする説がある。日本には、中国式と朝鮮半島式の両方の鐘がいずれも存在している。秀吉が朝鮮から持ち帰ったとされている福井県常宮《じょうぐう》神社の鐘は、朝鮮鐘《ちょうせんしょう》として国宝になっている。この鐘は統一新羅時代の８８３年に鋳造された新羅鐘の数少ない遺品の１つであるとされている。

高句麗では、王位の象徴として「瑠璃《るり》王の剣」、東明王（朱蒙《しゅもう》《チュモン》）の「ラッパと太鼓」、第３代の大武神王《たいぶしんおう》の食物を煮る「鼎《てい》《かなえ》」があった。

この鼎とは、３本の足がついていて、横木などをとおして引っ掛けて持って移動ができるような一対の耳がついた一種の鍋である。

どうして調理器具が三種の神器の１つになっていったのであろうか。実は、この鼎については中国の夏王朝に由来があるといわれている。常石茂著『中国故事物語』「鼎《かなえ》の軽重《けいちょう》」には、そのあたりが伝説として紹介されている。

周辺諸国が力をつけていた周の末期、隣国の楚《そ》国の荘《そう》王が陸渾《りくこん》地方（洛水の西南）の戎《じゅう》国を討ち、その勢いで周の国境まで兵を進めてきた。さらに、そこで観兵式をおこなったといわれている。おそらく兵の休息と士気を高めるためにおこなったと思われる。また、敵に兵士の勇姿を見せつけるためのものでもあったろう。あるいは荘王は、このまま進軍すべきかどうか思案していたのかもしれない。

そこに、周の定王《ていおう》が、荘王の連戦の慰労をするために王孫満《おうそんまん》を派遣した。荘王は、王孫満に、周にある「九鼎」の重さを尋ねた。王孫満は厳かに「鼎の大小軽重は持つ王の徳によって決まるもので、鼎そのものに備わっているのではありません」と述べ、周の鼎についての譚を続けた。「徳があるかないかということが問題なのです。その徳のあるところに鼎は移っていきます」といい、ひと呼吸置いてから、「昔、夏の王朝の徳が十分であったころ、全国の長から献上された銅で鼎を造り、遠方の産物の図柄を鼎の上に鋳込ませたところ、人々は川沢《せんたく》山林に入っても害をなすものに会わず生業に励むことができるようになったのです」といった。他国の兵に襲われることがないという意味であろう。国土は安全になって豊作が続いて天の恵を受けているという意味にもとれる。

さらに続けて「しかし、夏王朝最後の王・桀《けつ》王が徳を失ったため、鼎は商（殷国）に移り、600年が過ぎました。天は徳のある王に福を授けますが、それも期限があります。商王は九鼎（9つの鼎を意味し、中国全体を象徴している）を洛陽に安置しました。建国から、30代、700年続くというお告げがあったのです。これは、天命であって、周王朝の徳は衰えたとはいえ、天命はまだ改まっていません。鼎の軽重を問われることは王の権威を落とすことになります」といった。その話を、何も言わず聞いていた荘王は、攻めることなく、そのまま兵を引き上げたという。

そもそも九鼎は、夏王朝の祖禹《う》王が中国を9つに分けて九州とし、それぞれの王に命じて献じさせた銅（金ともいわれている）を鋳させて造ったといわれている。それが、700年間の王朝の権威を現したものとなった。神器となり王権を支えてきたのである。そして、周の滅亡の直後に、鼎は他国に奪われないように、泗水《しすい》に沈められたといわれている。この鼎の伝統が高句麗にも伝わっていったわけである。

何故、足が3つなのかは不明ではあるが、中国では「9」に無限・多いという意味を与えている。九州、九山、九川などはそういう意味をもっているのである。金谷治著『淮南子《えなんじ》の思想』神話伝説には「道は1で始まり、1では、まだ（万物を）生じないが、故に分かれて陰陽となる。陰陽合和して万物を生じる。故に、1は2を生じ、2は3を生じ、3は万物を生じる。3をもって物になる。3×3にして9になり」とある。つまり、3は、万物の発生源であり、「3」の二乗である「9」は、多い、多数、無限という意味になってくる。日本の「8」数もまた、八俣大蛇や八百万神のように多数という意味がある。

楽器もまた、三種の神器の1つとされているし、梵鐘の響きは、人の煩悩を癒し、喜び、幸せ、希望、感謝へと広がっていく。

次章では、青銅武器の歴史や仏教、道教の流れを通じて、アジアのなかの日本を見ていくことにしよう。

《第五章》

# 東アジアの文明と倭人・倭族

## 韓国の学者も認める、半島南部にいた倭人・倭族

『新羅本紀』には、文武王10年12月条（670年）に「倭国、更《あらた》めて日本と号す。自ら言う。日《ひ》出《い》づる所に近し。以《ゆえ》に名と為す」つまり、「倭国が、（国号を）改めて日本と号した。日の出る所に近いので、国号とした」と倭国が自ら宣下したというくだりがある。この名付け方は、聖徳太子が607年に遣隋使を派遣したおりの国書に「日出ずる処の天子、書を日没する処の天子に致す、恙無《つつがな》きや」と記した話（『隋書』倭人伝）を彷彿とさせる。新羅とて驚きのことではない。新羅王はこのことを事前に知っていたはずである。新羅は「倭」の呼称を「日本」と改めているのだ。

それ以前、つまり670年以前にも、『新羅本紀』倭人伝にあるように、倭人・倭族が対馬、九州などの日本列島はもとより、朝鮮半島南部にも散在していたとみられると韓国の高濬煥氏はいっている。広い地域にまたがって倭人、倭族が存在していたことを韓国の学者も認めているのである。また、倭人・倭族は、伽耶諸国が滅亡した後、新羅や百済に吸収されていったが、やがて、三韓統一した新羅には、倭人・倭族がほとんどいなくなったともいっている。そして、

それ以後は、「倭人」とは、日本列島にいる「住民」を指すという見解を述べている。高氏は、新羅建国における、『新羅本紀』倭人伝の内容については、史実どおりであるとする見解のようである。

大群をなして新羅に侵攻したり、金城を包囲攻撃したりしたのは、倭国から派遣された兵ばかりではなく、新羅や百済、伽耶に住んでいた倭人・倭族も加わって攻撃したという。そして、朝鮮半島には、倭族が助け合いながら伽耶を支援したり新羅を攻撃したりする勢力があったといっている。

これらの視点は、日韓共通の見解といえる。朝鮮半島の南端は、倭人、倭族、中国人などの寄り合った小国の集まりであったことがわかるのだ。

## 最新技術で青銅器の謎はここまでわかった

銅の起源はいつ頃であろうか。日本では弥生時代の初期といわれている。そのころは、自然銅から青銅器がつくられていた。自然銅とは、掘り出して採掘するまでもなく、土地勘がなくても発見できるような場所にあるもので、溶け出してそのまま固まったような形（塊状）をしている。

銅は錆びやすい。私たちがよく知っている緑色をしているものもあれば、酸化が進んで黒っぽいものや赤銅色のものもある。青銅器は、銅のみでつくられるものではない。錫と鉛を混ぜて製作される。

朝鮮半島には、馬鈴という銅鐸の祖形がある。朝鮮の小銅鐸ともいわれている。大きさは、高さが9センチメートルから14センチメートルくらいのもので、文様とかヒレ（両側にある扁平な装飾部分）もなく、鳴らす舌《ぜつ》の部分もない。また、吊手（鈕《ちゅう》）が細いといわれている。

朝鮮半島の小銅鐸（馬鈴）の錫の含有率は30％、漢の鏡（多鈕細文鏡）は25％、日本の国産銅製品は5％にも満たないという。青銅器は溶かして鋳直しをすればするほど錫の量が減っていくという。日本で出土する銅製品は完成品として輸入されたものが多いのではないかという説も強いのだが、錫の含有を考慮すると、銅鐸等は日本で鋳直して製作されたのではないかという説の方が説得力を増すように思われる。

錫を入れて鋳造すれば、銅よりも固くなり、加工が簡単になるために重宝されるはずだった。しかし、錫は貴重な金属であって、手軽に大量生産ができない。ちょうど時を同じくして、鉄が入ってきたこともあり、銅の鋳造が一気に減少していった。銅にかわって鉄の製作物が増えていくのである。

青銅器の製作には、鉛を加える作業もある。近藤喬一著『青銅器の製作技術』によれば、鉛は青銅中の含有量が4％をこえると溶解しやすくなり、合金をやわらかくし、加工や仕上げがしやすくなるという利点がある。
銅の赤味は、錫の混入によって黄色になり、錫の量が20％以上になるとスチールのような色合いになる。もっと錫を加えると、合金自体がもろくなり、25％以上にすると鏡のようになる。このような鏡を白銅鏡という。白銅鏡が好まれるのは、鉄の溶融より温度が低いために製作しやすいからであろう。しかし、錫がレアメタルのために多くは生産されなかったというのも間違いないであろう。

弥生前期末になると、北九州の沿岸にある甕棺《かめかん》から朝鮮製武器である細形銅剣・銅矛・銅丈などが出土している。甕棺とは、棺《ひつぎ》として使用された甕や壺のことをさす。三角縁神獣鏡は、卑弥呼の使臣・難升米《なしめ》が魏からもらってきた100面だといわれてきたが、現在日本で出土している鏡は300面を超えている。これらの製作には魏の工人（鏡師）が関わっていると考えられている。しかし、その生産地である中国では1面のみの発見である。しかも、輸送ルートとなる朝鮮半島からはいまだ1面の発見もないのである。

古墳時代の遺跡から出土した「卑弥呼の鏡」と呼ばれる三角縁神獣鏡8面を、世界最大級の放射光施設「Spring８（スプリング８）」で分析した結果が発表され、２００４年5月15日の朝日新聞紙上に掲載された。要点を抜粋してみよう。「京都市の泉屋博古館と兵庫県三日町の高輝度光科学研究センターが共同で分析に取り組んだ」という。「強力なX線を同館所蔵の三角縁神獣鏡8面にあてて、不純物としてごく微量に含まれる銀とアンチモンの反応の強さを調べた。そのうち6面は中国西晋時代の年号が入った中国製鏡と近い測定値が得られたという。残る2面は日本製であると判定された。中国製と判断された6面のうちの2面は、京都府内の古墳から出土したものであった。他の4面は出土場所が不明とされている。日本製の鏡は粗雑な文様であった。これらは中国製を模写したものであろう」という記事であった。

金属成分を調べた結果、中国の鏡は、春秋時代・秦、前漢、後漢・三国時代の3つの時代に分けることができるという。この間、約480年あるが、都は、15年間・咸陽《かんよう》で、202年間・長安《ちょうあん》で、235年間・洛陽《らくよう》へと移り変わっている。また、王都が変わったとしても、金属の産地が掘り尽くされてしまわないかぎりは、精錬場所は変わらないであろう。産地と都を結ぶ距離は短い方がよいし、運搬もしやすいところが好まれるはずである。また、鏡の生産は、高度な技術であるために、そうそう簡単に製造場所を移動できるものでもない。大和でもそうであったように、（熟練工の）工場や住居はだいたい集落をつくっているものである。玉や鏡の製作にも高い技術が求められる。長江文明では、階級化された玉器職人の専門技術集団があった。その玉器は技術的にどの程度のものだったのであろうか。それに関しては、日本のセラミック技術の牽引者である京セラの稲森和夫氏を驚かせたという事実からも想像がつく。また、同行した技術者も、古代においてこれだけの技術はすばらしく、驚嘆したといっている。現代でも真球をつくり出すのは難しい技術なのである。詳細は、安田喜憲著『古代日本のルーツ 長江文明の謎』をご参照いただきたい。「物を丸くするのには、複雑な製作上の工程がなければならないし、それを管理する組織がなければできるものではない」と、技術者は話している。

玉器には、3つあるという。玉壁《ぎょくへき》、玉琮《ぎょくそう》、玉鉞《ぎょくえつ》であるが、富や武勇、呪術などのシンボルとして使われていたと考えられている。玉琮は、四角形のような玉である。豊作などの祭祀の際に祭壇のような役割をしていたといっている。その真ん中に穴があけてあって、そこに植物をさしたとされているが、それは稲の一種であるという。民俗学者の荻原秀三郎著『神樹』では、この植物をチガヤとし、ススキなどと同じイネ科の植物で、水稲ではなく陸の乾燥したところに実る稲であったという。縄文時代に到来した稲の元である。

これら玉器の技術が、日本海を通り出雲にやってきて、勾玉《まがたま》などになっていったと思われる。島根の忌部《いんべ》は、天皇に献上する勾玉や管玉《くだたま》をつくっていた。そこでは、禊《みそぎ》をした後、物づくりをしたといわれている。

紀元前480年ごろであるが、トンボ玉の鉛ガラスがあったとされている。ガラスの技術はオリエントからもたらされたものだというが、ガラス玉にバリウムを混入させたのは中国が最初だという。これで、ガラスの屈折率が大きくなり内部に全反射がおこりやすくなる。その分、光の分散度も抑えられガラス玉に透明感が演出できる。つまりダイヤモンドのような輝きを放つのである。日本には、弥生時代前期には伝来していたようである。

## 稲はどのルートをたどって伝播したのか

水稲耕作は、インド・ミャンマー・ラオス・中国・ベトナムにまたがる雲南・アッサム地方が起源だとされている。この地から、野生稲（インディカ・ジャポニカなど）の栽培法が東アジアに広がっていったとされているが、4000年前より古い水稲耕作遺跡は発見されてはいない。ただし、中国浙江省にある河姆渡《かほと》遺跡からは、約7000年前の炭化籾《もみ》が出土している。

1999年、岡山県にある朝寝鼻《あさねばな》遺跡で、稲のプラント・オパールが発見され、約6000年前に稲作がおこなわれた可能性が浮上してきた。プラント・オパールとは、ガラス質の細胞のことで、稲などが土壌から珪酸を含む水分（養分）を摂取したとき、その珪酸が細胞壁に蓄積してガラス体を形成するのだという。このガラス体は、稲・コケ類・シダ類に多く、表皮部分に蓄積されやすい。ガラス体によって、風で折れにくくなり柳のようにしなやかな動きをさそうのだという。

熱帯ジャポニカは、台湾から島々を経由して九州にたどり着いた。ジャポニカの中には現在の中国浙江省にあった河姆渡から朝鮮半島を経由しないで直接来たものもあるようだ。それは、朝鮮半島にない稲が発見されたことからわかったのである。また、高床倉庫《たかゆか》も朝鮮半島にはなかったといわれている。つまり、稲の伝播は、大陸から直接海を渡ってきたものと朝鮮半島を経てきたものとがあるのである。プラント・オパールの分析によって、稲の伝播は、まず熱帯ジャポニカが来て、次に、中国や朝鮮半島からジャポニカ種が来たという説が有力視されている。

## 秦氏らの渡来による倭の文化の勃興

以前にも記したが、古代における朝鮮半島と倭との交流等を語るために、もう一度、弓月君《ゆつきのきみ》とその民の渡来に関するエピソードを振り返っておこう。秦氏の祖にあたる弓月君が渡来してきたのは、5世紀であった。はじめ九州に上陸し定住した。応神天皇（14年2月）のときであった。弓月君は、天皇に言上して、「私は、私の国の、120県の人民を率いてやってきました。しかし、新羅人が邪魔をしているので、みんな伽耶（任那）に留まっています」といった。そこで、天皇は、葛城襲津彦《かずらきのそつひこ》を遣わした。葛城宿禰《すくね》は、船を操る航海術や海図を読み取ることのできる船主ではなかったかといわれている。宗像族のような海人だったのである。しかし、葛城宿禰は3年間音信不通となった。その間、伽耶は、すでに新羅の手に落ちていたのであろうか。葛城は、弓月君の民と会えずに牢獄にでもつながれたのであろうか。民は民で、新羅の奴婢として扱われていたとも考えられる。つまり、双方とも自由を奪われていたのである。そのころ、百済と新羅はともに、伽耶の利権を奪取しようという緊張関係にあった。
2年後の８月、平群木菟宿禰《へぐりのつくのすくね》と的戸田宿禰《いくはのとだのすくね》が伽耶に遣わされた。精兵を率いていったとされている。天皇は、「襲津彦が長らく還ってこない。きっと新羅が邪魔をしているので、留まっているのであろう。お前たちは速やかに行って新羅を討ち、その道を開け」といわれたという。そこで、木菟宿禰らは、兵を進めて、新羅の国境に迫った。伽耶の港は、新羅兵が駐留していたはずである。伽耶自軍の力では排除できなかったという事実はここからもわかる。倭軍は、二手に分かれて、国境に迫って、同時に駐留していた新羅兵の排除に向かったのではなかろうか。新羅王は、これを見て、恐れたという。新羅王は、倭王の意向に従い、弓月君の民および葛城宿禰らの拘束を解き自由にした。葛城宿禰と民は倭に還ってくることができたのである。

ところで、弓月君の１２０県の人民とはどのくらいの数だったのであろうか。その数は、2万人ともいわれている。一度に全員が渡来しようとしたのか、幾回に分けて渡来しようとしたのかはわかっていない。しかし、当時の船の規模から考えれば、何度か往復をしたと思われる。安達裕之著『日本の船 和船編』では、9世紀から14世紀の記録にある船は30トンくらいの積載量なので、5世紀なら、その半分の10トンから20トンではないかといっている。人と家財や道具、馬などを含めると、1隻あたりに乗船できるのは、20人から30人くらいだという。この大きさの船が、黄海や日本海を行き来していたと思われる。

彼らは、はじめ北九州の宇佐に落ち着いたとされている。そして、大和へ移住したようである。その莫大な経費は、先の新羅王が倭王の意向を受け入れたとあることから、一切、新羅王が負ったとも考えられるのではないだろうか。これで、航海の安全が保障されたことにもなる。5世紀の渡来人による大航海時代の到来であった。

ここで秦氏の祖、弓月君の出自について触れておこう。百済からやってきたという弓月君だが、実は中国の秦の始皇帝の末裔《まつえい》といわれている。ゆえに弓月君を祖とする民のことを「秦氏」というのであろう。

辰韓（後の新羅）から弓月君は何故、百済に行ったのであろうか。もともと、辰韓は、12国に分かれていた。そのなかの1国である斯蘆《さろ》国が周辺の国を統合して新羅となった。弓月君が12国のうちのどこの国の出身かはわからないが、統合に向けた戦いに敗れ百済に亡命したのではないだろうか。弓月君とその一族（秦氏）は、養蚕《ようさん》や機織《はたお》りの技術をもっていた。それは、当時の最先端の技術であり、新羅、百済の両国にとって国家産業の秘密事項ではなかったか。新羅は、その技術の流失を防ぐはずである。しかし、何故か、弓月君と秦氏は百済に身を寄せることができたのである。技術は一子相伝で伝えられてきたので、人の移動による他への技術移植は考えにくい。そうであれば、あとは戦争などの外的要因によって技術移植（人の移動）

がおこったとしか考えられないのである。秦氏の百済への技術提供はこのような経緯でおこったのではないだろうか。

一方で、百済は、倭との交易や国家間の軍事的な協力が必要だったために、この国家機密を惜しむことなく倭に遣わしたのであろう。また、百済は、すでに、この養蚕、機織を国家産業のなかに取り込み成熟していたので秦氏を倭へ遣わしても大丈夫と判断したのではないかとも思われる。しかも、彼らが倭への帰化を望んでいたので、百済も協力をしたということであろう。

また、百済王は、阿直岐《あちき》を倭に遣わした。彼は、文筆に才があったので、文献・律令などを扱う史部《ふひとべ》を管理したという。王仁は、百済から渡来した。論語や千字文を伝えたという。兵法などや貿易にかかわる文書・出納《すいとう》に関わる記録や漢字などの記載方法を伝えたという。

弓月君・阿直岐・王仁《わに》の渡来は、応神天皇の14年からはじまり、16年までの間におこっている。5世紀のビッグターニングポイントとなった。王仁に至っては、応神天皇から、東韓という土地までもが与えられた。東韓は、半島東側の真番郡にあったのでそう呼ばれたというが、東韓は、甘羅城《かむらのさし》、高難城《こうなんのさし》、爾林城《にりんのさし》であると『日本書紀』応神天皇紀には書かれている。この地には韓人という原住民が住んでいた。『後漢書』東夷伝には、「紀元44年に、韓人であり、廉斯《れんし》（今の忠清南道の西北部）に住む蘇馬提《そばし》という人物らが楽浪郡に国をおこした」とある。光武帝（後漢の初代皇帝）は蘇馬提を漢廉斯邑君《かんれんしゆうくん》に任命して韓を統治させた。この韓人が、真番の故地の原住民となったといわれている。この後、韓人の王である漢廉斯邑君が辰王となっていく。

5世紀は、倭において、文化・産業・教育などの分野で大きな変革がなされた時代であり、それらは、中国から直接もたらされたものと朝鮮半島からもたらされたものがあったのである。

## 東アジアの発火点「伽耶」

5世紀後半、倭王武こと雄略天皇は、中国南朝・宋の順帝に遣いを送り、「使持節都督　倭・新羅・任那・伽耶・秦韓・慕韓六国諸軍事　安東大将軍　倭王」の称号を受けている。その結果、南朝との交易を重視した政策が続いたようである。これに対し、韓国の学者は、日本の歴史認識が南朝の史料に偏り過ぎているのではないかという懸念を抱いているという。しかし、韓国の歴史認識もある意味同じではなかろうか。何故なら、北魏（北朝）の歴史書は破棄されたという事実があるからである。北魏の太武帝は、歴史書編纂を崔浩《さいこう》に命じた。この書は、450年ごろに完成するのだが、王の出自である鮮卑族の文化・習慣に関した記述に問題があったとして廃棄されたのである。このようなことからもわかるように、なにもこの5世紀の歴史に限って、南朝の史料に比重をおいているわけではないのである。ただ、『北魏書』には、その後、中国・北斉の魏収《ぎしゅう》が編纂した別の『北魏書』の正史もあったとされている。二十四史の1つとされている。この『北魏書』は130巻あったという。しかし、評価というより編纂経緯や魏収自身の素行に問題があったためにその『北魏書』にも批判が寄せられた。そのために、北斉の滅亡と同時にその『北魏書』も焼かれてしまったらしく、現存していないという。彼の墓は暴《あば》かれ、骨が散乱するほど民衆から蔑《さげす》まされたというのである。そんな経緯もあり、雄略天皇に対して北朝・北魏帝が朝鮮半島統治に関する称号を与えたという事実は、少なくとも現存していないのである。『北魏書』「倭人伝」なる記述はないのである。

さて、それでは、南朝・宋がいっている安東大将軍の安東とは朝鮮半島のどこにあるのであろうか。それは、伽耶・金官国から北北東にあり、洛東江の上流にある。ここは、後に新羅となるところであるが、このころは、伽耶であったようだ。

新羅ははじめ斯蘆《さろ》という小国からおこった。その斯蘆は、6つの村が集まった集合体であったが、やがて伽耶の金官国に侵攻するようになっていく。529年、新羅は次々村を侵略して領土を拡大した。前述した村以外に多々羅《たたら》・須那羅《すなら》・和多《わた》・費智《はち》などであった。ここで出てきた多々羅には聞き覚えのある方もいるであろう。鉄器をつくってきた古代の奥出雲地方によくある窯《かま》である。スサノオが出雲に銅鐸の原型である馬鈴をもってきたというが、その製作に必要な窯の技術は伽耶(当時は、新羅の領土)の多々羅からきたと考えられる。新羅の領土となってからは、それぞれの邑(村)から使者が伽耶(任那)に調を献じたという。これを「任那の調」と呼んでいる。

その後、新羅は南北に領土を拡張していくようになる。南は、伽耶と接していて、交易で栄えた洛東江があるために、たびたび紛争をおこす発火地となっていく。洛東江は、植物の根にある成長点のように、常に物流の拠点となっていたのである。それによって、植物の体にあたる伽耶を支えながらさまざまな情報の収集と提供、また、鉄器の提供や開発を手がけた国際都市になっていったのであろう。多くの外国通商の船も出入りしたと思われる。いずれの国もここを占拠し、莫大な利益に預かりたいと思うのは理解できる。こうした状況のなかで、新羅が大きくなっていくのである。

## 何故、新羅が朝鮮半島の統一国となりえたのか

三韓時代の馬韓・弁韓・辰韓、三国時代の高句麗・百済・新羅は、それぞれに朝鮮半島統一を目指していたであろう。しかし、676年にそれを実現できたのは、新羅だけである。それも、外国である中国・唐の協力によってなし遂げられたのだ。唐と新羅との間には密約があったといわれている。朝鮮半島の自治は新羅に認めるが、高句麗の支配地は、高句麗が滅亡した後、唐が支配するというものであったらしい。しかし、高句麗滅亡の668年以後も、唐はい

ろいろ理屈を並びたてて半島に残り続けた。百済・高句麗の残党がいるので、一掃するまでは唐軍が旧領を管理するという具合であろう。これでは、密約が反故《ほご》にされたも同然であった。

さらに、唐が新羅を属国として支配しようとしているのではないかという風潮も自然に広まっていった。そんなわけで新羅は、旧百済・旧高句麗の残党が唐軍へ反旗を翻したことを喜んだともいう。唐軍にばれないように、彼らに支援の手を差し伸べたとも考えられる。あるいは見て見ぬふりをしていたのかもしれない。いずれにせよ、新羅が朝鮮半島を統一するまでに9年ほどかかっている。外国勢力の他に、新羅が朝鮮半島を統一できた理由には何があったのだろうか。そのあたりを新羅建国に遡《さかのぼ》って考えてみよう。

新羅建国のもととなった国、斯盧は、新羅のどのあたりにあったのであろうか。それは、今の慶州あたりではないかといわれている。そこには、どんな民族が住んでいたのか。慶州は伽耶・金官国の金海に近い場所にある。手元の朝鮮半島の地図から計算すれば、直線距離では、72kmほどのところにある。徒歩でゆっくり行っても、正味1日くらいの行程である。騎馬なら4時間もかからないであろう。

中国の夏《か》・殷《いん》・周・春秋時代・戦国時代などを通じて、多くの難民や移民が朝鮮半島に押し寄せている。前述のように「韓」という国もあったが、それは、中国・呉（滅亡、紀元前473年）の移民・難民たちが建国した国である。この呉人の中には、日本に渡り、弥生人となったものもいる。その一部は、再び朝鮮半島へ移民し、その子孫が倭族として定着していったといわれる。つまり、朝鮮半島には、呉人だけでなく倭族も先住しており、中国人や倭族が混在していたと考えられるのである。「韓人」は、倭人に特有の文身（入れ墨）をしていなかったという。移民の倭族には文身が必要ではなくなり、やがてその習慣もなくなったと思われる。

そういう倭族が朝鮮半島に移住したと考えられるのである。

「韓」は、朝鮮半島の南東側にあり、ちょうど新羅のなかの慶州の近くにあった。前述のように、ここは3世紀ころに斯蘆があったところだとされている。このことから、斯蘆は、中国人・倭族の混成の国であったと推論できる。よって、彼らは、中国の情勢や倭人・倭族からの情報などに明るい知識を持ち合わせていたと思われる。朝鮮半島の南部は、倭人や倭族の勢力が大きくなっていく。しかし、時間が経つにつれて、つながりが薄れ忘れられていき、倭族と倭人は協力することもなくなっていったのではないか。伽耶と新羅にも多くの倭人と倭族がいるのだが、お互いに何度も交戦していることからも想像がつく。多婆那国の出身である脱解のように新羅王になる人物もでてきたが、彼は、倭人とたびたび交戦したり和を結んだりしている。

とはいえ、新羅は朝鮮半島のなかでは、最も外国に通じていて、半島の統一に野心を持ちやすい国であったとも考えられよう。新羅が、野心の元となる、広い視野と高い技術力をもっていたという証拠ともいえる遺跡が朝鮮半島の慶州にある。善徳女王《ぜんとく／ソンドク》（６３２～６４７年）が建立したという瞻星台《チョンソンデ》という遺跡である。善徳王は、仏教の普及に力を注いだということから、祭壇に使用されたのではないかという説もあるのだが、一方では、星の観察に使用した、いわゆる天文台だったともいわれている。ローマからきたという天空の北斗七星を仰ぐ星辰信仰に基づいてつくられたものだともいう。天文台となれば東洋で最初のものとなる。高さ9メートル余りの円筒状で、地上部分の直径は5・17メートル、上層部の直径は2・5メートルもあり、筒の中程に方形の窓がある。窓にはしごをかけて上がるか塔の上に立って観測系の道具を使って星を観察したようである。

どのようなルートでローマから新羅へと天文観察法が伝わったのであろうか。海路か陸路のシルクロードを通ってもたらされたのであろう。どちらにせよ、星を見ながら正確に方角を計測しながら移動してきたのであろう。北斗七星信仰は、中国の唐や聖徳太子のころの日本の飛鳥時代、現在の済州島にあたる耽羅国《たんら》にもあったといわれている。日光東照宮には、家康公を守るために、摩多羅人《またらじん》という「生と死を司る神」が祀られている。その模写された絵のなかにも、北斗七星が描かれているのだ。

# 《第六章》

# 朝鮮半島、倭国に伝播していった古代文明

## 長江文明と三内丸山遺跡の類似点と相違点

古代中国でおこった長江文明は、当初、狩猟・漁労民と稲作農耕民がきり開いたものであった。その後、今からおおよそ４０００年前に寒冷化がおこり、北方の畑作牧畜民が暖かい南の地方に移動しはじめ、しだいに狩猟・漁労民や稲作農耕民を飲み込んでいった。彼ら北方からの移民族は交戦的で青銅器の武器などをもっていた。しかも、戦場で馬を乗りこなせる馬術もあった。

当初の長江文明を作ったという稲作農耕民は、日本の縄文中期の代表的遺跡である三内丸山《さんないまるやま》遺跡にも影響を与えたといわれている。安田喜憲著『古代日本のルーツ 長江文明の謎』によれば、三内丸山遺跡から出土した鹿角斧《ろっかくふ》といわれる鹿の角でできた道具と長江流域の河姆渡《かぼと》遺跡から出土したものとがよく似ているという。つまり、作り方・製法が同じである可能性があるという。また、三内丸山遺跡からは、長江の稲作農耕民と同様に、漆《うるし》、瓢箪《ひょうたん》、豆類などを住居近くか管理地に植え替えて管理する、いわゆる「半栽培」をしていた形跡が見つかっている。当時の人々が、それらを貯蔵穴などに食糧として蓄えたというのも古代の日本と中国で共通したやり方である。これらの類似点は偶然ではなく、伝えられたと考える方が自然な流れであると思われる。

三内丸山遺跡復元模型（国立歴史民族博物館蔵）

三内丸山遺跡では、リーダーが埋葬されたと思われる墓も発見されたが、副葬品などは他の墓とそれほど変わらなかったという。つまり、リーダーはいたが、一般民衆の上に位置する支配階級層ではなかったと考えられている。豊穣のときの祭祀などではリーダーによって儀式がおこなわれていたであろうが、普段は皆、平等な生活をしていたと考えられている。一方、長江の方は、しだいに北の影響が強くなり、奴隷制や生贄などの制度が生まれたようである。奴隷ないし生贄として亡くなったと思われる人骨が発見されているのだ。もちろん、平等社会であった三内丸山遺跡では、生贄などの跡は発見されていない。

## 朝鮮半島や日本に移住した中国の民

紀元前1000年ころ、殷から周へ中国の王朝が変わったおり、殷王朝の一族が避難したのは朝鮮半島だった。周の武王は、その一族を追撃して滅ぼすことはしなかった。その一族は、箕子《きし》《キジャ》という賢人の一族であったといわれている。彼らは、朝鮮半島の南東方面に避難したであろう。追撃を恐れたからである。ここには、狼林《ろうりん》《ランリム》山脈や太白《たいはく》《テベク》山脈という自然の要害があり、追っ手から逃れることができると考えたのであろう。ここは、伏兵を忍ばせておけば、大軍も撃破できるところであった。三韓時代の辰韓のあたりまでの奥地に行ったであろう。これにより、この地の文化は中国式となり、甲骨文字もこのころ朝鮮半島に入っているはずである。洛東江も近くにあり、日本との貿易も視野にあったであろう。中国人が媒《なかだち》となり、多くの人が北九州にも行ったと考えられる。交渉も中国語であったろう。

殷、周王朝の人々が交易を盛んにしたことで朝鮮半島南部の地が栄えたように、交易を主とするフェニキア人の活躍によってシリア地方が繁栄した。ここでは貿易の記録を残す必要に迫られ文字が発明された。当初は、22文字の表音文字であったが、やがてギリシャやローマに伝わり、現在のアルファベットのもとになったのはよく知られている事実である。この紀元前1100年ころの世界には、西側にヒッタイト王国やエジプトがあり、東側には殷、周王朝が存在していた。世界が見えない糸で繋がっているかのように、文明や発明が同じころに発生していることがわかるのである。そのころ、日本は縄文時代の晩期にあたっている。

やがて、紀元前770年から221年の中国の春秋戦国時代のころ、呉や越が滅び遺民が朝鮮や日本にやってきたといわれている。この中国人が日本に入植したとき、文字も一緒に入ってきたであろうことは予測ができる。それなのに、教科書では、漢字の渡来はヤマト政権・古墳時代の4、5世紀としているのは何故なのであろうか。少々、納得のいかない事実である。

その春秋戦国時代には、諸子百家が活躍し、儒家では孔子、孟子などが現れた。道教では、老子、荘子などが、陰陽家としては鄒衍《すうえん》が活躍した時代であった。鄒衍は戦国時代の斉の稷下《しょくか》という場所に住んでいたために、「稷下の学士」とも呼ばれていた。

このころ、すなわち縄文時代の日本は、温暖であったという。漁労や種々の果樹が豊富であったらしい。これは、三内丸山遺跡の発掘調査でわかっている。それゆえ、稲作の文明を伝えようとした中国人がいても、それに耳を傾けた縄文人はいなかったか少なかったのではないかと思われる。何故なら、発見された稲作跡は、それから随分たった紀元前3世紀ごろのものといわれているからである。ただし、岡山県にある朝鼻遺跡から、約6000年前の稲のプラント・オパールや島根県松江市にある石台《いしだい》遺跡から、約6500年前のものとされる炭化した米が発見されている。まだピンポイントでの発見ではあるが、さまざまな推測が可能となる発見である。

中国からの遺民が、各地域に広く分散して稲作をおこなった衛星都市をつくっていたとも考えられる。それであっても、中国の長江文明から日本に稲作が伝わるまでに2000年の歳月を要している。ちなみに、殷の甲骨文字の発明から、日本へ漢字が伝わるまでにも2000年の時を経ている。偶然なのか、稲も漢字も2000年を要しているのだ。鉄は、古代オリエントのヒッタイトで発見され、紀元前5世紀の日本に伝わったので、約1000年を要している。鉄は、稲作や文字に比べれば2倍の速度でやってきたことになる。

## 伽耶への仏教の伝来

伽耶は、朝鮮半島南部、現在の韓国の慶尚北道《けいしょうほくどう キョンサンブクト》から慶尚南道《けいしょうなんどう キョンサンナムド》までの地域にあったとされている。伽耶という名称は、3世紀ごろから使われていたという。実は、伽耶の歴史は、伽耶人の手によって残されたものがない。ほとんどが、『三国史記』や『三国遺事』そして『日本書紀』からの推測によっており、他には中国の正史などからしか知る手段がないのである。かつては、高麗時代の文宗《ぶんそう》王のとき、地方官僚として金海に遣わされた人物が書き残したといわれている歴史書があった。その書は、『駕洛国記《からこっき》』と呼ばれ、1076年に編纂されたものである。金官国の建国からはじまり、王族の末裔までが書かれているというが現存していない。

このころ、朝鮮半島の洛東江には、多くの船が往来していたと思われる。交易に使う文字は漢語であった。交易には、通訳や口述筆記者、案内人、官吏、武官などが一体となって移動したのであろう。交易には華僑が有能であったが、しだいに倭人の中から通訳や筆記ができる者が現れてきたと考える方が自然であろう。紀元前1世紀には倭が楽浪郡に使いを送っている(『漢書』地理志)し、57年にも後漢へ倭の奴国王が遣使しているからである。それに、倭がいつまでも、国にとって重要な交易・政治に関する機密事項を中国人や倭族などの外国人に任せ

山脈に囲まれた伽耶

て、通訳や筆記を依頼することなどは考えにくいのである。文字は、すでに導入され、倭人が学んでいたと確信できる。

伽耶は、太白《たいはく》《テベク》山脈と小白《しょうはく》《ソベク》山脈に囲まれていて、西側からの侵入を防いでいる。ここに洛東江が流れている。大伽耶の故地である高霊《こうれい》《コリョン》の西側には、小白山脈の一部である伽耶《カヤ》山がある。最高峰として1433メートルの七仏峰があり、周囲には1000メートル級の山々が屏風《びょうぶ》のような様相で連なっている。

ここには、新羅時代に建立された古寺・海印寺《かいいんじ》がある。境内には、高麗八萬大蔵経《こうらいはちまんだいぞうきょう》の版木《はんぎ》を収めた大蔵経板殿が建っている。この版で刷《す》られた大蔵経が平安時代の日本にきていて、現在の増上寺（東京都）と大谷大学（京都市）に保存されている。大蔵経は、二度作られていた。初めは1011年ごろに作られて大邱《たいきゅう》《テグ》の符仁寺に置かれた。1236年、モンゴルが高麗に侵入したおり、戦災にあい焼失したという。その後、高宗《こうそう》《コジョン》らの手によって、15年もの歳月を要して8万枚以上ともいわれる版木に字を彫り込んだ。これが、現存している高麗八萬大蔵経である。この海印寺は、その後、李氏朝鮮時代の太宗《たいそうテジョン》の仏教弾圧により一時廃寺となったが、1424年には、復活している。

そもそも仏教は、いつ伽耶に伝来したのであろうか。朝鮮に仏教が広まったのは、372年、五胡十六国時代であったという。前秦という国の王、苻堅《ふけん》が、高句麗に使節と僧の順道《じゅんどう》および仏像と経文を送り、374年には僧の阿道《あどう》も高句麗に送ったという。これが、朝鮮半島への仏教伝来だとする説である。つまり、高句麗から仏教が朝鮮半島にもたらされたと考えられているのである。

しかし、他に紀元48年伝来説もある。こちらは、インドの阿踰陀《あゆた》国の公主（王女）が船で石を積んできて、首露王の后《きさき》になったという譚がある。石といっても、大きめの石を積み重ねて作った仏塔、婆娑《パサ》石塔《ソッタ》であったといわれている。朝鮮にはない色をした石であることからインドから持ってきたものだと推測されている。航海の安全を祈願したものであるともいわれている。

『三国遺事』には、許后《ホコウ》が阿踰陀から水神を祀るために船に乗せられて朝鮮半島にやってきたと記録されているという。当時としては珍しかったと思われる。前に触れているが、当時の伽耶は、西洋でいう航海時代にあったと思われる。許后がきたとされるルートには2つあるといわれている。1つは、インドの阿踰陀、インド洋、スマトラ、中国、光州、そして伽耶に至ったという説、もう1つは、陸路で中国四川省を通り伽耶に至ったという説である。この四川省には、許后陵碑があってそこに「晋州太后《しんしゅうたいこう》《チンジュテフ》」と書かれているという。晋州とは、場所ではなく「広い土地や豊かなようす」を表しているといわれている。

これは、日本の仏教伝来のことを考える上でも大きな示唆となる可能性がある。倭が伽耶と通商関係にあったからでもあり、また、鉄、その他の交易によって、中国人、倭族、倭人も北九州や朝鮮半島に衛星都市をつくりあげていたからでもある。すでに、このころから、伽耶は、インド文化をはじめ多くの文化が混ざり合った国際都市であったと思われる。

## 伽耶の鉄生産技術はどこからきたのか

スサノオが新羅からきたことは前に話したが、そのスサノオが新羅から持ってきた剣より、ヤマタノオロチの尾から出てきた天叢雲剣《あめのむらくものつるぎ》の方が優れていたという。しかも、鉄の素材、工程、窯などすべてにおいて優れたものであったということである。

原始的な製鉄法には、吹子《ふいご》はなく、薪《まき》などを燃やし、その燃焼でおきる自然通風で砂鉄を溶かしたと考えられている。これで800度くらいは得られるが、数日間続けると鉧塊《けらかい》（還元鉄）ができる。それをさらに火のなかに入れて真っ赤にしてから、取り出して打ったり叩いたりして形を整えていったのである。このような製法が弥生時代中期ごろの主流ではなかったか。朝鮮半島も同様であったと思われる。

中国の周の時代には鉄の知識があったといわれ、中国の越《えつ》国を通じて日本の越《こし》の国（北陸方面）にもたらされたという。鉄が、中国↓朝鮮半島↓伽耶のルートで伝わったことは確かである。

このルートで後漢の末期には、鉄の秘伝は伽耶へ伝わったといわれているが、それより早く前漢の時代にはすでにあったという説もある。また、インドから鉄の知識を手に入れたということもあったと考えられる。実は、インドは、けっして錆《さ》びることのない〝神秘の鋼〟が存在したといわれているほど、鉄器技術にすぐれた地だったのである。

伽耶が、そのインドから直接、鉄器技術を移入したのが西暦48年ごろともいわれる。それから300年ほどは、インド直輸入の鉄器技術がもたらす優位性もあり、伽耶は半島にあって権力をもった国となったようである。しかし、その後の391年から414年までは、高句麗（広開土王）による朝鮮半島の南下によって、伽耶の勢力がしだいに失われていく時期にあたる。前漢が滅びたのが、西暦8年であるが、この混乱の時期に朝鮮半島へ鉄の技術流失があったかもしれない。

## 改造された韓国の前方後円墳

伽耶の古墳から出土する副葬品などから、どのようなことがわかるであろうか。

その前に伝えておかなければならないことがある。歴史の「捏造《ねつぞう》」問題である。かつて、日本では、「旧石器発掘捏造事件」というとんでもないことがおきてしまった。2000年11月に宮崎・上高森遺跡で考古学上の重大な事件がおきた。1人の発掘調査担当者の捏造が明らかになったのである。彼は、70万年前の旧石器時代の遺物を発見したと発表したのだが、その後の調査によって、それが事実ではないことが発覚したのだ。どこまでが真実かは、現場の調査でしかわからない。それ以降、第三者機関による監視が強化され、日本ではこういう捏造はおこりにくく、おきたとしてもすぐ発覚するようになった。現在、旧石器時代の遺跡として確実なものは、およそ3万5000年前以降の後期旧石器の遺跡だけである。

しかし、このような事件は隣の韓国でもおきているようだ。

朝鮮半島の古墳の発掘は、終戦の年の1945年から、40年ほど経ってから本格的にはじまったという。1980年代、朝鮮半島で14基の前方後円墳が相次いで発見された。研究者の間では、前方後円墳は日本の独自の文化であるとする結論がでているから、普通に考えれば、日本の文化である前方後円墳が朝鮮半島に伝わったものと解釈できよう。しかし、韓国の学者は、前方後円墳はもともと韓国で生まれたもので、韓国から日本に伝わったものだといっている。何故か。文化は朝鮮半島から倭に伝わったとする説が否定されることを恐れたからである。

14基の前方後円墳からは次々と副葬品が発見されたという。副葬品を見れば、その時代を推測できる。その結果、韓国の前方後円墳は「5世紀後半から6世紀後半につくられたもの」という調査結果が得られた。日本の古墳時代は3世紀からはじまっていることから、韓国の前方後円墳は日本より後であることが明らかになった。

旧石器発掘ねつ造
宮城・上高森遺跡
調査団長
自ら埋める
「魔がさした」認める
70万年前と発表
北海道の遺跡でも
毎日新聞
MAINICHI
文化書道

石器ねつ造事件を報じる新聞（毎日新聞社）

しかし、それを認めれば前方後円墳は倭から朝鮮半島に伝えられたことになり、朝鮮半島は古代から倭人・倭族の影響を受けていたことを認めることにもなってしまう。そこで、韓国の学者は前方後円墳を否定するために、これは前方後円墳ではなく他の形の墳墓だという証拠探しをはじめたという。その「証拠」とは何であろうか。それは、前方部と後円部の間の窪地

朝鮮半島・楽浪古墳発掘現場（平壌郊外）※本文に記載の発掘現場とは直接関係ありません。（毎日新聞社）

から発見された石棺である。石棺が発掘されたことを受けて、その窪地もまた独立した円墳であると解釈したのである。つまり、これは前方後円墳ではなく、前方部と後円部、そしてその間の窪地の3基、ないしはそれ以上の古墳の集合体なのだと解釈したのである。事実、発掘調査をした韓国の東亜大学教授の沈奉謹《シンポングン》氏は「前方後円墳ではなく3基以上の大小古墳群が重複したものである」という報告をしているのである。さらに、その説を裏付けるために、3つ目の円墳をその窪地につくって造形しなければいけないという結論に至ったという。しかし、石棺が窪地にあるからといってそこを盛土しなければいけないという理由にはならない。付け加えれば、改造という汚名を歴史のなかに残すことになるのではないか。

話はややそれるが、石棺での発見に関することで、大仙陵古墳（伝 仁徳天皇陵）でも面白い発見があったので紹介しておこう。日本で1番大きい大阪府堺市にある大仙陵は、クフ王のピラミッド、秦の始皇帝陵とならぶ世界の3大古代帝王陵といわれている。この大仙陵は前方後円墳である。大阪湾を一望できる高台のようなところにあるのが特徴である。内濠の墳丘の長さは486メートル。高さは35メートルほどあるといわれる。この大仙陵の後円部で、江戸時代に石棺の蓋石が発見されている。また、明治5年の調査から前方部から石槨《せきかく》（石で造られた、棺を入れる施設）と石棺が発見され、金銅製の甲冑も出土したのである。これからわかることは、石棺は前と後ろの両方にあったということである。しかし、当然ながら日本では、方形の所に盛土をするという行為には繋がらなかったのである。

ここで、朝鮮半島に譚を戻そう。室谷克実監修『日朝古代史 嘘の起源』（別冊宝島2283号）によれば、古来より小伽耶とも呼ばれた、任那南部の一国に数えられてきた地域・固城《ゴジョン》にある松鶴洞《ソンハクトン》古墳は、1941年に日本の考古学者の鳥居龍蔵氏によって発見された。その形は、明らかに前方後円墳であり、1996年に撮影された時事通信フォトの写真にもはっきり残っている。しかし、その後、2012年には3つの円墳が並んだものに変えられてしまっている。調査研究の過程において、盛土されてしまったのだという。このような遺跡の造築・変形は、伽耶と倭の関係を現す歴史の事実を闇に葬ることに繋がるのではないか。両国にとって大変、残念なことである。もとの造形に手を加えるということが本当の考古学なのであろうか。

## 古代の気候および伽耶の古墳の副葬品からわかること

世界4大文明は、すべて北半球に位置している。ほとんどが北緯27度から北緯34度の間にあるのだ。エジプトのナイル川河口付近の首都カイロは北緯30度03分、イラクのバクダッドは北緯33度35分、パキスタンのモヘンジョ＝ダロは北緯27度19分である。ちなみに、モヘンジョ＝ダロの地名は、現地語では、「死の丘」と呼ばれ、誰も近づかないほど恐れられていたところであった。現在でも、都市の元の地名はそのまま使われている。黄河の河口付近は北緯37度46分、長江の河口付近は北緯33度42分である。4大文明を育んだ大河は、すべて河口から源流までが長く、また、どの地域も北緯30度から50度の範囲にある温帯気候に属している。つまり、作物が豊富にできる条件である大河と温暖な土地があったのである。ちなみに、朝鮮半島の伽耶もまた、その条件に当てはまるし、倭の北九州もその範囲に入る。古代文明が栄えるべき要素がこれらの地域には備わっていたといってもよいだろう。

紀元前3000年ごろは、湿潤な気候が続きサハラ砂漠にはまだ樹木が残っていたという。

そして、紀元前1000年あたりから温暖になっていた。古代インダス文明のあった地域の雨量は、現在では年平均150ミリ以下であり、かなり乾燥している。しかし、古代文明のころは、雨量が多く樹木が繁殖していて寒暖の差が少なかったといわれている。

では、その後、紀元前後あたりの気候はどうだったのであろうか。群馬県、尾瀬ヶ原の花粉分析から当時の気候変化がわかるようになった。紀元前後の頃は、少しずつ気温が上がりかけたが、その後の200年間、世界は寒冷期に入っていった。また、比較的雨が少ない乾燥期でもあったようだ。寒冷、乾燥の日々が続けば、作物は不作となり、民は飢え、国力は低下しはじめる。人々は、少しでも豊かな土地を求めるようになり、国内の争いや他民族の侵略がおこる。寒冷化によってイラン系のサマ族の侵入がおこり、それによってインドの阿踰陀《あゆた》国は、滅びたのではないか。そして、その際、阿踰陀国の公主（王女）はインドを脱出し、伽耶に移住して首露王と結ばれたのではないだろうか。

1世紀の伽耶には、34ヶ所の墳墓があったという。そのなかで、慶南の南海岸や洛東江下流の地域には、青銅器の遺物に比べて鉄器の遺物の方が多いという。この時代を初期鉄器時代と区分している。生活遺物も多く出土している。例えば、土器、石器、玉器であったが、骨器だけは発見できないという。これは、骨などを分解してしまう土質に原因があるとされている。

シュメールやインドから伽耶に、当時最先端だった鉄技術が伝播したとすれば、それは、海洋ルートを使い中国大陸をスルーして、文化が直接伽耶に伝承されたことになる。

兵馬俑（兵馬俑博物館）（写真：毎日新聞社）

秦の始皇帝は、戦国時代を制し紀元前２２１年に中国を統一して、紀元前２１０年に没している。その際、２万平方メートルにもおよぶ広大な始皇帝陵がつくられ、兵馬俑《へいばよう》（精巧な人形の兵士や騎馬など）が埋葬されている。立派な武器を持ち、騎馬を乗りこなす兵士たちの像を見ると、紀元前の中国兵の装備が意外にもしっかりしていることに驚かされるのであるが、実はそれどころか、それよりはるか昔の周の時代から、中国には、立派な軍装備が伝わっているのである。周の時代には、鉄器がヒッタイトから伝わってきている。馬車については、古代オリエントに栄えたアッシリア帝国（紀元前１０００年～紀元前６０９年）で使われていた２人乗りの戦車が秦に伝わったといわれているが、それ以前の東周末の時代に、すでに馬２頭、４頭だての戦車があったという。いずれも横に一列に並んで走らせていた。この当時の車輪は、木製であり、スピードは、それほど出なかったと考えられている。ケンブリッジ大学のニーダム博士の論文によれば、車輪には皿型（笠のような型）と平型（円盤のような型）があるとされるなか、紀元前４世紀の中国には、すでに皿型があったという。１９５１年、河南省輝県で19個の戦車が並んだ車輪の跡が粘土質にしっかりと残されているのが発見され、これによって車輪の形が復元できたのである。この直径130センチメートルの丈夫な皿形の車輪によって重い兵器や食糧などの運搬が可能になったのである。ちなみに、オリエントでは、皿型車輪は、16世紀になってやっとでてくるというから、いかに中国での発明が早かったかを知ることができる。中国では、東周時代には、すでに車輪や戦車などに熟達した職人がいたことがわかる。

一方、伽耶には、戦車はなかったと思われる。国土が狭く平坦な大草原などがなかったからである。しかし、3、4世紀になると、騎乗用甲冑をつけた騎馬軍団が現れたようである。それを裏付けたのは、洛東江の河口近くにある大成洞《テソンドン》古墳から発見された鉄製の杏葉《きょうよう》である。杏葉とは、唐鞍《からくら》の装飾具の1つで、金属や革などからつくられたものである。馬の面繫《おもがい》・胸繫《むながい》・尻繫《しりがい》などを装飾するために使われたという。

なお、この杏葉のように、1世紀ごろの伽耶の古墳から、弓先や槍、鉄器の剣などの先進文化が副葬品として発掘されたことは注目に値しよう。すでにこのころ鉄器が重要視されていたことの証拠である。さらに、3、4世紀になると、国土を守るために伽耶の鉄需要は急速に増したであろう。その軍事力は他国を圧していたと思われる。

## 出土品等から探る伽耶の軍事力と装備

倭軍が渡海して百済と新羅を攻め破ったのが391年のことであった。そして、399年、倭と百済が連合して新羅・高句麗と戦ったという。このとき、大伽耶（高麗）と阿羅伽耶の伽耶連合が百済と倭に加わり、4国が高句麗・新羅連合と激突していく。新羅の要請を受けて、高句麗は、歩兵（歩騎）5万人を出兵したという。この歩騎兵は、甲冑《かっちゅう》を身につけていたであろう。高句麗は、新羅国内に入り込み、激しい戦闘を繰り返しながら、伽耶、百済、倭の連合軍を追い詰め、洛東江中流域まで追撃したという。ユン・ソッキョ著『伽耶国と倭地』によれば、「この戦い（新羅管山城《かんさんじょう》《クァンサンソン》の戦闘）で、百済・大伽耶の連合軍は戦死者だけでも29000人にのぼる」とある。それから8年後には、伽耶の軍事力のほとんどが壊滅。その後も敗戦や併合を繰り返し、やがて伽耶は滅亡していったのである。

しかし、逆の見方をすれば、伽耶の衰退がはじまったこの4世紀末までは、伽耶には新羅や百済を凌ぐか、大戦しても互角の戦いができるほどの国力があったということでもある。伽耶には朝鮮半島統一の野望があったのではないかと考えられる。それどころか、ユン・ソッキョ氏によれば、6世紀までは伽耶諸国の軍事力は、新羅と十分に戦えるほどであったというのである。

ところが、致命的であったのは、連合国家であった伽耶においては意思統一等が極めて困難であったため、伽耶諸国が一丸となって朝鮮半島統一のための侵略行動にでることはなかった。侵略よりも、それぞれの国の経済的繁栄を重視してしまったのである。そして、結果的に統一国家である新羅や百済などの圧力に負け、滅亡の憂き目に遭《あ》ったわけである。

もし、伽耶が統一国家として成熟していたならば、朝鮮半島統一の夢は叶えられたであろう。新羅の侵攻を防いだばかりではなく、逆に攻略していたであろう。そして、永く繁栄し、朝鮮半島の勢力地図を塗り変えたことであろう。

伽耶の古墳から出土した武器は、弓、矢、鉾、剣、刀、斧、甲冑に分けられる。伽耶の鉄の生産は多く、他の国などに輸出できるほどであった。それを支える生産技術も持ち合わせていた。伽耶の副葬品は、同時期の新羅の古墳から出土した副葬品と比較しても優っていたという。鉄器の輸出は技術の伝播にもつながり、技術者の移住にもつながっていた。そして、周辺諸国に技術力が伝播していったのであろう。これが、今でいう技術の平準化を招いて伽耶を将来の滅亡へと導く一因となったと思われる。

では、甲冑はどうであったろうか。高霊池山洞《コリョンジサンドン》から短甲がでてきた。短甲とは、肩、胸、胴、胸部などを覆う甲冑のことであるが、これは伽耶と日本からしか出土していないという。西洋で騎兵が使用しているような胸甲には大きな金属板が使用されているが、日本の短甲は、枠に板を革紐《かわひも》で綴《つづ》り鋲《びょう》で止められたものとなっている。鋲は、頭部が笠のように丸くなっていて釘の役割として使われた。この鋲を使った製法は、古代中国の影響を受けているといわれるが、短甲の構造や外形などは日本独自のものと考えられている。西洋のように重装備で突撃する戦法ではなく、出来る限り甲冑を軽くし、小回りをよくして身を守ることを重視した結果、日本独自の短甲という発想が生まれたのだと思われる。

《第七章》

# アジア地域の侵攻と交流の発展史

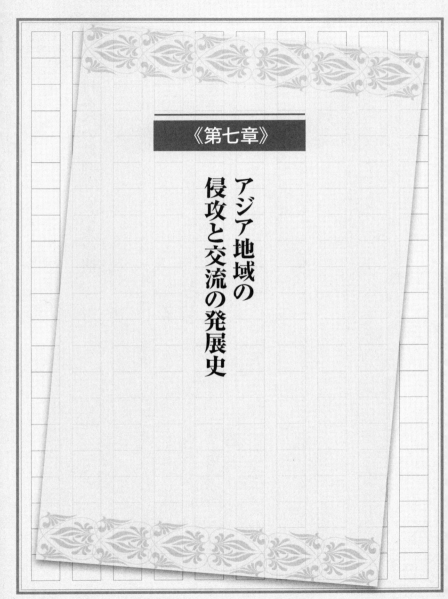

## 日本への鉄剣等の伝来事情

紀元前3000年のころ、エジプトのゲルゼ遺跡の墓所から鉄器が発見されている。また、イラクのウルでも鉄器が見つかっている。どちらもニッケル分が多く含まれていることがわかり、隕石《いんせき》から造られた（隕鉄製）と考えられている。エジプトでは、鉄を「天から降った石」というほど貴重なものと考えていたようである。また、世界最古とされる隕鉄からできた装飾品のビーズも発見されている。

隕鉄は地球上の鉄とほぼ同じ成分でできている。塩化物が含まれているので錆びやすいということ以外には違いはないようである。

隕石等は、年間どのくらい落ちてくるものなのであろうか。年間6万トンくらいで、そのうち93％が石（隕鉄以外の隕石）、5％が鉄（隕鉄）、残りの2％が塵などだとされている。

世界最大の隕石は、いまから5万年前に時速4万キロメートルの速さでアメリカのアリゾナ州に落ちた。穴の直径は1・2キロメートルで、落ちて凹《くぼ》んだクレーターの深さが168メートルという。これをバリンジャー隕石孔《こう》と呼んでいる。この隕石孔を作ったのは直径約20～30メートル、重量が数10万トンの隕石と考えられている。アフリカでは60～70トンもある隕石（ホバ隕石）が８万年前に降ってきた。もちろん、日本にも落ちている。滋賀県大津市の隕石は、日本最大といわれ、重量１７３・９キログラムであった。また、富山県上市川上流で、「白萩隕鉄第１号」「白萩隕鉄第２号」が発見された。刀工の岡吉国宗氏に委託されたのは、この隕鉄を使用しての日本刀の製作であった。できあがった日本刀は流星刀と呼ばれ、隕鉄４キログラムが使われたという。日本は国土が狭いために、隕石孔などが認められるのは約50ヵ所ほどといわれている。

紀元前３世紀ころには、中国や朝鮮半島から日本に、稲作とともに金属器が伝来した、とほぼどの教科書にも記されている。秦が崩壊して、劉邦と項羽の覇権争いが続いていた時期に伝来したということになる。

また、許后がインドの阿踰陀国から伽耶にきたのが、それから３００年ほど後の紀元48年ごろであり、日本の弥生時代中期にあたる。このころ、南インドにはローマ人がコロニーをつくり居住していた。帆船によって東アジアに交易路が開拓され、フィリピン、中国東海岸、朝鮮半島、日本にもやってきている。インドは鉄剣の技術では最高峰であったと思われ、11世紀には、ローマ人の憧《あこが》れの鉄剣となっていたとされている。この南インドの製鉄技術がのちに日本に伝わってきたのではないだろうか。日本の弥生時代後期には鉄製の農具や武器の製作が活発化しているのである。

大仙陵古墳（毎日新聞社）

鉄は伽耶からの輸入が多くあったが、他に同盟を結んでいた百済からも早くから仏教などの文化とともに鉄鋌《てってい》等がもたらせられた。百済滅亡の折も多くの百済人が渡来している。国鉄時代の関西本線・平野駅と天王寺駅の間に、貨物専用駅として百済駅があった。２０１３年のダイヤ改正にあたり百済駅から百済貨物ターミナル駅に改称されたという。つい最近のことである。百済駅は、旅客駅としても１９０９年（明治42年）から１９６３年（昭和38年）まで存在していたという。その由来を辿れば、古代（飛鳥〜平安時代末期）において、百済郡という地域が、現在の生野区西半から東住吉区にいたるエリアに広がっていたことにあるという。

４〜６世紀の古墳時代において、大きな古墳がつくられた。日本最大の大仙陵古墳（伝 仁徳天皇陵）は完成までに15年8ヶ月もかかったというが、30年という説もある。延べ680万の人手を要したという。石棺の内部には、豪華な副葬品が多数置かれた。これらは、強力なヤマト政権ができあがっていったという証《あかし》でもある。また、この時代、鉄器によって開墾が進み、田畑の開発も積極的におこなわれた。画期的なのは溜池などの水利を利用したことである。これによって、穀物などの農産物の収穫が大幅に増加したのである。

後漢時代の中国は、鉄器の技術や生産などでは、世界でもトップクラスであったという。鉄器輸出ではローマへ届けられたというほどである。おそらくヤマト政権にもその恩恵があったであろう。しかし中国は、後漢滅亡後、三国時代・晋から遊牧民の黄河流域への侵入によって、再び不安定な時期（五胡十六国～南北朝時代）に入る。その中国や朝鮮半島に対峙するヤマト政権は、国づくりが急務となっていった。巨大な古墳は、国の内外にヤマト政権が強力な国家であることを示すモニュメントとなった。だからこそ、大仙陵古墳は、大阪湾の港を見下ろす台地に造営されたのである。海上の船舶から見れば、眼前にのしかかってくるかのような古墳の威容が広がってくるのである。中国や朝鮮半島からきた使者は、これを見て威圧感も受けたであろう。これが、ヤマト政権の見せる国威でもあった。

石津原で生前から古墳の造営を進めた仁徳天皇は、司馬遷の『史記』に書かれた秦の始皇帝を見習ったのでないだろうか。始皇帝も生前から始皇帝陵を40年かけて造営していた。始皇帝

円筒埴輪（宮内大下田山古墳出土）
（国立民族博物館蔵）

陵には副葬品が多く、今でいえば世界でも類を見ない巨大な博覧会場のような趣《おもむき》がある。仁徳天皇も最先端な文化を象徴するものを置いて始皇帝陵と同じように見る人を驚かせる必要があったのであろう。そこで考え出されたのが円筒埴輪《はにわ》なのではないだろうか。始皇帝陵の地下に6000体以上の兵士像（兵馬俑）があったことは有名であるが、仁徳天皇陵では人、家、動物などが円筒埴輪の姿に変えられて表現されているのではないか。円筒埴輪が5本に対して、朝顔形埴輪（朝顔の花が大きく広がった形）が1本の割合で配置されているが、溝状に掘られたところへ高さを揃えながら、延々と連続して並べられているのである。「富国強兵」の「強兵」を表す6000体の兵士像からすれば規模は小さいが、富国を願う埴輪はヤマトらしい。

さて、日本における鉄剣などの伝来、生産はどうだったのであろうか。『魏志』「倭人伝」には、弥生時代の後期に当たる239年に、魏の皇帝から邪馬台国の女王卑弥呼に、親魏倭王の称号と金印、銅鏡100枚がさずけられたとある。その折、帯方郡の太守弓遵《きゅうじゅん》が遣わされ、詔と印綬を持ってきた。そして、詔の他に、黄金・白絹・綿・毛織物・刀などの贈り物が届けられた。この中に「刀」とあるのは、鉄剣であると思われる。世界の最先端の技術であった鉄剣が届けられたのに間違いないであろう。

記録にはないが、刀工もいたのではないか。このころの中国は三国時代の真っ只中である。魏のほうにしても、三国統一の足がかりにするために、朝鮮半島の先にある倭を取り込もうとする動きがあったろう。そして、倭の力を高め、同時に協力関係を強化するために、倭に鉄剣の技術を提供したと考えてもよいと思われる。

鉄剣（神門４号墳出土）〈複製〉
（国立歴史民俗博物館蔵）

魏の明帝《めいてい》は、朝鮮半島の情勢に軍事で対応するために、237~239年に、楽浪郡と帯方郡を支配していた公孫康《こうそんこう》に対して、密かに帯方太守・劉昕《りゅうきん》と楽浪太守・鮮于嗣《せんうし》らに黄海を渡らせて2郡（帯方郡と楽浪郡）を落としている。そして、卑弥呼女王の権勢を揺るぎないものと判断し、呉国に対する包囲網を一層強化するために、帯方郡の国境守備の属官であった張政《ちょうせい》が倭に遣わされた。彼は、倭国側の使者である難升米《なしめ》に詔の証書と黄色い垂れ旗を卑弥呼に渡すように諭したという。中国の五行における黄色は、植物などが発芽する様子からきているとされており、万物の生育の象徴ともなっている色である。そして、魏において黄色は皇帝を現し、権力の象徴であった。

張政と難升米がその黄色の垂れ旗を倭に持ち帰ってきたときには、すでに卑弥呼は亡くなっていた。このころ、卑弥呼の死によって世が乱れ、戦火が再びおこることが予想されたために、農具よりも鉄器や武器のほうに鉄が消費されたようである。

一方、奈良県桜井市にある桜井茶臼山《ちゃうすやま》古墳の副葬品では、王杖に鉄が使用されているという例はあったものの、全体的に鉄器は少なかったという。崇神天皇陵のものとされる行燈山《あんどんやま》古墳の陪塚《ばいちょう》の副葬品も、大きさに反して鉄剣が４本という質素なものであったといわれている。鉄器の産業がまだ十分に育っていなかったという背景を映し出していると思われる。

## 大和朝廷の発展と有力農民の登場

５世紀にもなると、ヤマト政権は東西に勢力をのばし、九州中部から関東地方の豪族や王を従えていった。いよいよ、ヤマト政権は磐石《ばんじゃく》な国家として歩みはじめた。「ヤマト政権」から「大和朝廷」となり、天皇が政治の中心となっていったのである。

当時、鉄はまだ貴重なものだったので、農具などは、本体が木でつくられ、その周りにU字型の鉄がついたものが大半であったという。刃先は、鍛造《たんぞう》で鍛《きた》えて切れ味をよくしたのではないか。しかし、しだいに量産体制が整えられていった。と同時に、馬具や鉄剣なども金銀などが加工され装飾されて豪華なものになっていった。その一方で、輸入品も多くあったという。

王族や豪族は、濠をめぐらせ広い土地に高床住居を建てて住んでいた。民衆は、竪穴住居か掘建柱を立ててつくった平地住居に住んでいた。窯は、地面を掘り、壁際を利用してつくるようになった。農具や工具の改良によって、農業生産が高まり、手工業や漁業などの職種につく者が現れてきたという。これらの職業は豪族の支配のもとでおこなわれ、しだいに経済力が蓄えられていった。ここで新しい動きが現れる。6世紀になると、豪族ではない有力な農民が山などの斜面に小さな円墳をつくるようになっていったという。これを、群集墳と呼んでいる。彼らは、知恵や財力を使って道具などを駆使し他者を支配していた。今までになかった新しい支配層ともいえる。

鉄器の生産においては、鉄製の武具や工具などをつくる鍛冶《かじ》技術や金属加工の進化によって飛躍的に量産化ができるようになる。

また、養蚕によって機織りが盛んになり、高級品である絹織物の生産を積極的に推し進める時代に突入していくのである。

## 古墳時代の後半における鉄器等

6世紀、古墳時代も後半にさしかかるころ、のぼり窯などによって1000度以上の高温で土器がつくられるようになった。これを須恵器《すえき》と呼んだ。窯は山の斜面を掘り込んでつくられていて、薪を入れる焚口《たきぐち》から風を吹き込ませて火勢をあげる仕組みとなっている。また、密閉性が高いので熱効率が高まり、芸術性のある須恵器ができ上がる。

この世紀には、多くの武器と鉄器が必要となった。朝鮮半島への出兵が原因である。船舶などにも大量の鉄が必要であった。

この時期の争乱等の歴史を簡単に振り返っておこう。528年、筑紫国造磐井《いわい》の反乱がおき、532年、金官国が新羅に併合される。538年、百済より仏教の公伝。548年、高句麗が百済に侵攻、551年、百済・新羅・伽耶が高句麗と戦う。554年、倭・百済が新羅と交戦し、百済の聖明王が戦闘で死す。これによって、新羅の伽耶への侵攻に拍車がかかっていき、562年には、伽耶が滅びてしまう。大和朝廷も朝鮮半島での拠点を完全になくすことになってしまう。

金銅頭椎太刀（国立歴史民俗博物館蔵）

東アジアでの政局の変化にともない、大和朝廷は国の制度の確立を急いだ。蘇我馬子と聖徳太子が仏教を押し立て、官位十二階の制度をつくり、天皇中心の中央集権国家を目指すが、志半ばでふたりは亡くなってしまう。

古墳の造営は、竪穴式から横穴式に変わりはじめ、副葬品では、鉄の〝宝〟としての意識が薄れはじめたのか、鉄器類が少なくなっていった。このあたりから、鉄剣などの刀類も変わりはじめた。装飾と実用を兼ねたものとなって、頭椎太刀《かぶつちのたち》が現れてくる。柄の頭にあたるところが大きく丸くなっていて金細工などの装飾が施されたものであり、権威や豪華さを競うものになっていたようだ。戦地での指揮や号令などの儀式にも使われたと思われる。つまり、日本の太刀の原点になったとも考えられる代物である。そして、銅剣は戦場では使われなくなり、ますます祭祀や儀式などで使われるようになった。

鉄剣や鉄器は、朝鮮半島で実践的な配備がおこなわれ、多くの戦場で使われた。このころの鉄剣・矢尻などは中国や朝鮮半島と比べても技術的に差のないものに仕上がっていたと思われる。鉄製武器を初めて使用したとされる古代オリエントのヒッタイトから数えて、約２０００年の歳月が経ち、飛鳥時代の扉が開かれんとするときまでかかったことになる。長いか短いかは別にして、鉄への長い執着心の結果なのであろう。

## 鉄の生産と飛鳥時代

「猿と黒羽の雉《きじ》はいるが、馬、牛、虎、豹、羊、かささぎはいない」と『魏志』「倭人伝」にはある。邪馬台国の末期には馬などはまだいなかったということであろうが、ヤマト政権の時代あたりからは、渡来人が馬を飼い慣らし乗馬していたと考えられる。中国大陸では、前漢文帝（5代皇帝、紀元前180年～紀元前157年）のとき、「皇帝に1日千里を走る名馬を献上した者があった」という。すでに、馬の調教師もいたはずである。武帝（7代皇帝、紀元前141年～紀元前87年）のときも馬にまつわる「走ると血のような汗が全身から流れるという馬の話を聞いて、手にしたいと思い、使者を送ったが失敗した」というエピソードがあった。このころ、馬がどんどん増えていくにしたがい、鉄器の馬具が必要になっていった。

また、前述したように、スサノオが朝鮮半島から馬鈴をもってきたということは、馬も日本に渡来していたということになるであろう。そうなれば、もう少し時代が早くなるかもしれない。おおよそスサノオから1世紀後、『日本書紀』における仁徳天皇（中国名　倭王・讃《さん》？）

の時代、高句麗から鉄盾の献上があった（古墳時代初期404年のころ）とされている。そこには、「12年、秋7月3日、高麗国（※高句麗のこと）が鉄の盾・鉄の的を奉《たてまつ》った。8月10日、高麗の客が朝廷でもてなされた。この日、群臣百寮を集めて、高麗の奉った鉄の盾・的を試した。多くの人が的を射通すことができなかった。ただ、的臣《いくはのおみ》の先祖の盾人宿禰《たてひとのすくね》だけが鉄の的を射通した。高麗の客たちは、その弓射る力のすぐれたのを見て、共に起って拝礼した」という記事がある。それ以後、鉄製のやじり・鉄鏃《てつぞく》や鉄の盾などが広まったという。

また、富山市の小竹貝塚や氷見《ひみ》市の惣領浦之前遺跡《そうりょううらのまえいせき》では、弥生時代の木製楯が発掘されたが、実践用ではなく儀礼用ではないかとされている。このような富山市の貝塚や遺跡のあるところは、朝鮮半島から近く、最新文化が届いたところでもあった。そして、ここを中継して北陸全体へ広がったとする研究がある。それは、北陸9ヵ所からモミの木製の楯が発掘されたことからも裏付けられている。継体天皇がこの地にあった越国《こしのくに》からきた理由の1つには、朝鮮半島との間に太いパイプがあったからだとされている。

鉄器が乏しいころは、木製の冑《よろい》もあって、矢が刺さった傷痕が残っているものもある。冑の厚さは1ミリメートル程度であったが、紐で固定されていて矢の衝撃で木が割れないように補強してあるという。実戦での使用は弥生時代初期からであろう。

その後、鉄の楯も登場するが、それは古墳時代からではないかという説がある。副葬品のなかに、鉄製の刀、武器、武具、矢、楯、甲冑などがあったからである。

楯には、青銅製の巴型金具がつけられている。巴型の由来は、太陽の象徴とか南海の貝であるゴホウラがモデルとなったともいわれており、伽耶からも同じものが発見されている。伽耶には太陽神を祀る民がいたといわれている。

神武天皇がヤマトを制圧した折、太陽を背にして戦いに勝ったという伝説がある。神武天皇の兄イツセが「我々は日の神の御子だから、日に向かって戦うのはよくない。日を背にして戦おう」といい、太平洋に出て紀伊の国の男之水門《おのみなと》から上陸し、熊野からヤマトを目指して、ついにヤマトを圧し征服した。このとき、神武天皇を助けたのが、ヤマトに先住していた饒速日命《にぎはやひのみこと》である。その一族は金属技術集団で、近畿地方を支配していた民族であった。のちに物部氏となる有力豪族である。つまり、先住民の助けをかりながら鉄器で武装して、ヤマトを支配下に置き、国づくりをはじめていったようすが伺える。このように、古代から日本は太陽神を祀っていたのである。

神武天皇は高皇産霊尊《たかみむすびのみこと》から送られた八咫烏《やたがらす》の道案内で難を逃れることができた。ここで登場する八咫烏は3本の足を持った大きなカラスといわれ、高句麗時代の壁画にも三足烏《さんそくう》（神話に登場する3本足のカラス）が描かれている。また、前漢時代ではあるが『淮南子《えなんじ》』には「10羽の三足烏が、次々と空に上がり、それぞれのカラスが火を吐き出すと、太陽になった」という譚がある。窯の火と太陽信仰の現れであると思われる。

古墳時代は、ヤマト政権から大和朝廷となり、国を統一するときであったので、外征に備えて大量の武器が増産され続けられたことであろう。そして、7世紀前後から、日本は中国・朝鮮半島につづいて新興国家体制を整えていった。飛鳥時代、聖徳太子の摂政時代（593～622年）と隋帝・楊堅《ようけん》の中国統一（589～604年）が東アジアに一時的な安定をもたらした。隋と高句麗・朝鮮半島2国（新羅と百済）は冊封《さくほう》関係にあった。このときは、まだ倭が隋と国交を結ぶ前のことであったが、積極的に大陸・隋の先進文化に触れる機会を求めた。6世紀末の592年、隋で班田法が実施され、その8年後の600年には、最初の遣隋使が遣わされている。

6世紀末から、大寺院が多く建てられた。593年、四天王寺、その1年後の594年に、聖徳太子が「三宝の興隆」の詔を出して「仏・法・僧」の教えを宣布した。それ以後、596年には飛鳥寺（法興寺）が完成しており、広隆寺（603年）、法隆寺［斑鳩寺］（607年）なども建立されている。仏教公伝（538年）から69年が経過している。寺院に多くの梵鐘《ぼんしょう》が必要になり奉納された。このとき、多くの渡来人の知恵も加わったと思われる。

ところが、そのころ、中国・隋を取り巻く情勢に変化がおこりはじめていた。高句麗と北方モンゴル・東突厥《ひがしとっけつ》が同盟を結ぶことに恐れを抱き、ついに隋は高句麗に113万もの大軍を派遣した。しかし、この高句麗攻略は3度の失策で敗北している。これがもとで隋は衰退し、

618年に滅びた。そして、高句麗の南下を阻止するために、621年に新羅が日本に朝貢にきたとある。日本と同盟（軍事支援）を結びにきたのではないだろうか。これを機に、鉄器・武具の生産が加速したと思われる。

当時の日本の鉄生産能力はどうだったのであろうか。もとは原始的な製法であったが、タタラ技術の発展により、縄文時代末期から弥生時代はじめには、鉄の生産量が世界の15%に達していたともいわれている（参考資料：窪田藏郎著『シルクロード鉄物語』）。それも、ほぼ紀元前4世紀であるといっている。多くの難民が、大陸から朝鮮半島を経由してきているのは確かなので、そのころに鉄の精錬産業が伝わったのだとしても不思議ではない。

## 古代日本の〝鉄〟生産状況はどうだったのか

古代の砂鉄の産地としては、播磨《はりま》（兵庫）、但馬《たじま》（兵庫）、因幡《いなば》（鳥取）、伯耆《ほうき》（鳥取）、美作《みまさか》（岡山）、備中《びっちゅう》（岡山）、備後《びんご》（広島）、出雲（島根）、石見《いわみ》（島根）、安芸《あき》（広島）、薩州（鹿児島）などが知られている。古代であるから、九州からヤマト周辺に限られている感がある。

鉄を採集するのに砂鉄は都合がよかったが、当初は、そのような知識がない。渡来鉄工人たちが知恵を授けたのであろう。鉄は酸化すれば赤くなるため、赤い土を見つけたらすぐ水洗いをして鉄を採集する。ヤマタノオロチの神話の中にでてくる斐伊《ひい》川の支流にある川などは、赤川と呼ばれるほど鉄が酸化した赤土で赤くなっていたという。

1610年（慶長15年）、宍道湖《しんじこ》に土砂が流れ込み松江城の碁盤目の用水路が破壊されたという。どれほど川上の方で多量の鉄の採集がおこなわれていたかがわかる。それ以後、現在まで砂鉄を掘って水流しをする鉄の採集（鉄穴流《かんな》し）は禁止されたが、文化財という立場では保存されている。

砂鉄には、山砂鉄、川砂鉄、浜砂鉄の3種類があるが、善し悪しは地質的な条件できまる。花崗岩類での砂粒の大小、角閃《かくせん》花崗岩での含有量などで質が異なるのだ。たとえ質の良い砂鉄がとれる場所があったとしても、運搬に手間がかかるのでは採集地としては向かない。川辺でしかも水洗いに適した斜面がなければならない。

赤い土を発見すれば、その表土を丁寧に集める作業から本来ははじめるのだが、山のなかだけに草や木々が生い茂っていることもよくあり、そういった場合には邪魔なそれらを取り除くことがまず先決となる。次には、池をつくり、そこに鉄が沈殿して溜まるような適切な鉄採集場をつくっていくのだが、古代においては経験豊富な渡来人が先行して見つけたのであろう。

このような作業は、穴夫《あなふ》という14～15人の労働者が1グループになっておこなう。それぞれのグループは、鉄穴師頭《かんなじがしら》によって統率され、かなり長時間働かせられる、過酷な労働であったと思われる。また、山間《やまあい》の農民は、鉄穴流しでできた沈殿の泥を後に田畑にかえて農業や牛の遊牧場として利用していたようだ。しかし、よいことばかりではなく、泥が松江城の水路に積もり建築物等を破壊したり、高梁川《たかはし》（岡山県）のように川底に泥が溜まると天井川《てんじょう》となって河川の氾濫をたびたび引きおこす原因になったりした。

洗い込まれた品質の高い鉄を精小鉄《きよめこがね》というが、土砂からここに至るまでに0・1〜0・5％になっている。鉄量はその精小鉄の50％にあたるという。漢代の資料では、原石から最終製品の鉄鋼にするには55％くらいであったとしている。このような鉄の精製率は藪内清著『中国古代の科学』の資料ともほぼ一致している。この精製率を見れば、当時のタタラによる製鉄は高いレベルにあったといってよいだろう。ちなみに、中国では、紀元前3世紀に火力に石炭を使用し、漢代の紀元31年ごろには、吹子《ふいご》に水力を使用してピストンを動かす技術があったとされている。それにより、大量の風を送り込み、鋳鉄精錬が発達していった。

タタラは吹子つきの精錬法であるが、吹子は古くは動物の皮を剥《は》いでつくったことから、「鞴」と当てた漢字がある。水力を使う前には手動でピストンを前後に動かして送風していた時期がある。

前に紹介してあるが、神木や山の神として崇《あが》められているイタケルは、鉄の製造にかかわる還元材（木炭）として使われる木々の知識をも、もっていたと考えられる。木炭には大炭と小炭があり、原木そのものに大きな違いがある。つまりタタラに用いて鉄を製錬するときに大炭を使い、鍛冶に用いるときには小炭が使われる。『鉄山必要記事』では、還元材（木炭）の原木には、松・栗・槙《まき》・ブナ・クヌギ・雑木などがよく、杉や檜《ひのき》はよくないとされている。より悪いのは桜で、最悪なものに、椎木《しいのき》・柿の木・サルスベリなどがあげられている。

譚を戻すと、イタケルは日本のいたる場所に出かけて植林をした。もちろん、鑑賞用のような木々を植林したとは考えにくい。国づくりのために鉄が必要であったので、必要な木々に的をしぼって植林をして回ったと思われる。

では、砂鉄からおこなわれた鉄の採集量はどのくらいになるのであろうか。一箇所の鉄穴流しの現場から1期間（採集した期間）で約１００トン未満ではないかとする試算がある。古代砂鉄産地として知られる11ヵ所合計で、１１００トン程度はあったのではないだろうか。イラクの古代都市・コルサバード遺跡では、１６０トンにおよぶ鉄塊が発掘（１８００年代）されたという。備蓄用とか、あるいは一時的な強奪とか交易用とかいわれているが、戦争に備えていつも都市には蓄えられていたとするのが事実であろう。この数字からみれば、１００トンは多いとも少ないともいえないが、当時としてみれば十分な量だったのではなかったかと思われる。

古代では、鉄鉱石からも鉄の製錬がおこなわれていたが、中国地方では、岡山県の備中・備前・備後に集中している。鉱山の産地は砂鉄ほど多くはなかったのであろう。

## 多島海の島々の謎に迫る

伽耶と九州を結ぶルートは、邪馬台国九州説に従えば、『魏志』「倭人伝」にある狗邪韓国《きやかんこく》・対馬・壱岐、そして北九州の末盧国《まつら》・伊都国《いと》・奴国《な》・不弥国《ふみ》・投馬国《つま》・邪馬台国へと繋がっている。ここで、注視すべきは、狗邪韓国から対馬国に至るまでには、多くの島々が存在していることである。この海峡には、３０００からなる大小の島がある。無人島もあれば、島民がいる島もある。しかし、これらの島々に居住する島民が、倭や大陸からの使節の交易や外交を支えたという歴史はあまり知られていない。次に、その島民が信仰していた宗教や遺跡などを通じて、彼らがどこから来たのかを調べてみよう。

地質学的な観点からみると、おおよそ１５００万年前に、まるで対馬を起点にして時計の針が進む方向に、47度回転しながら大陸と日本列島が離れたという学説がある（鳥居雅之氏ほか『科学　第55巻第1号』岩波書店、東海大出版会『日本列島のおいたち』など）。なんとダイナミックな移動であろうか。ただし、離れたといってもしばらくの間、日本と大陸の間には海がなく、陸続きであったので、船の往来などはなかったであろう。そもそも、潮位の変化により

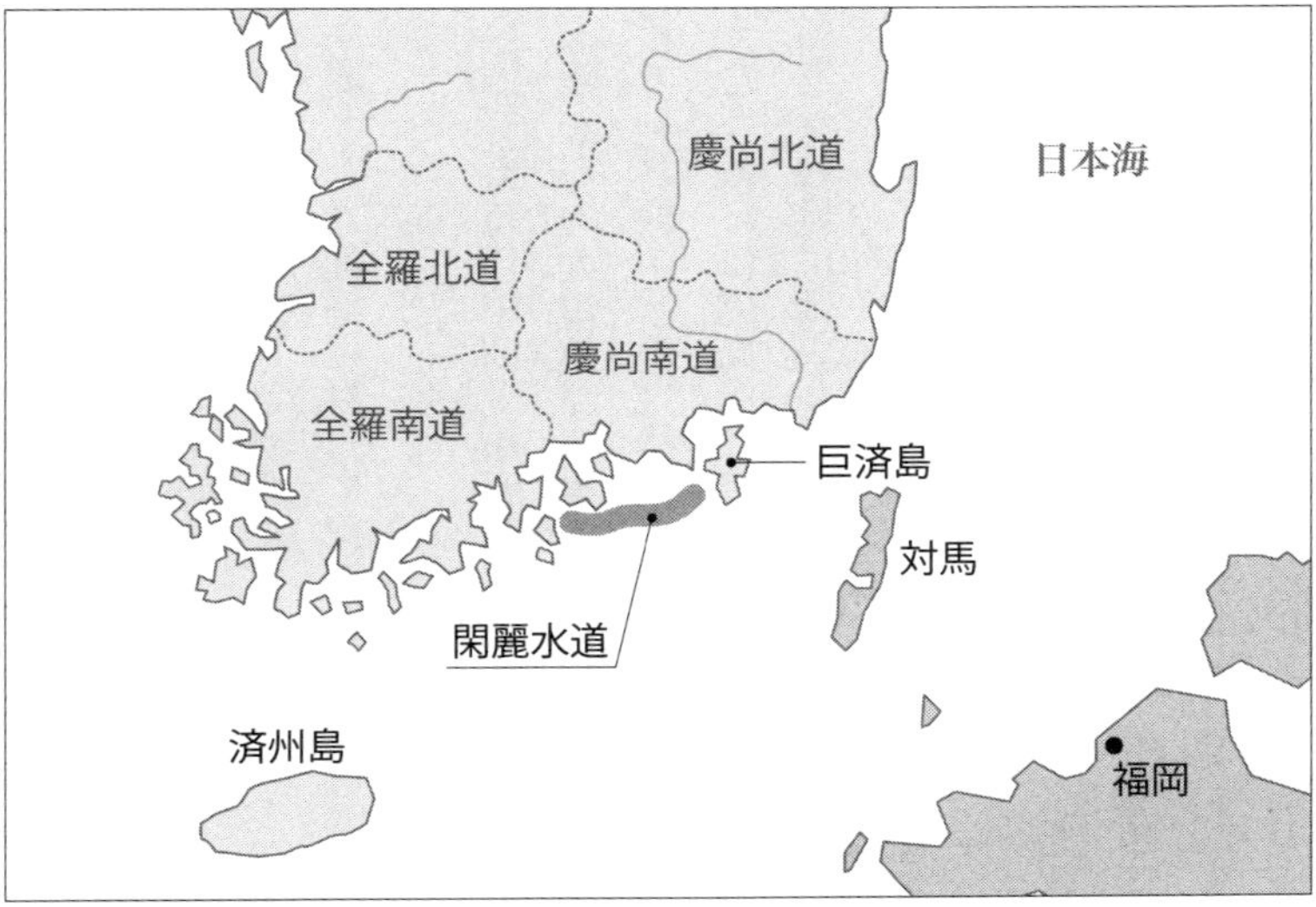


朝鮮半島南部の多島海にある島々

日本海ができ、日本列島が大陸から離れたのが、おおよそ1万年前であったといわれている。

それはさておき、多数ある島々の中には、現在、お堂をよく目にすることができる島もあるという。もちろん住民がいる島に限られる話ではある。岡谷公二著『原始の神社をもとめて 日本・琉球・済州島』によれば、平成16年に調査した結果、新安《シナン》郡に属する閑麗《かんれい》《ハルリョ》水道の南海には830島あり、そのうち有人島は110島であるといっている。別の資料では、元韓国大統領・金大中《きんだいちゅう》《キムデジュン》の出身地として知られる全羅南道《ぜんらなんどう》《チョルラナムド》西部に広がる西南海上にある1004島のうち有人島は72島であるという。

ちなみに、慶尚南道巨済《けいしょうなんどうきょさい》《キョンサンナムドコジェ》市には、韓国で済州島についで2番目に大きく、広さ400平方キロメートルある島・巨済島《きょさい コジェ》がある。釜山から南西にあるが、対馬にも近い。ここは、元寇が対馬に至る中継場所でもあった。また、倭寇が拠点としていた島であり、現在でもその当時の倭城の遺跡があるという。この島は海人たちの拠点であり、多くの軍勢が朝鮮半島にくりだしたと思われる。これらの遺跡は、多くの倭人・倭族が一大事となれば朝鮮半島の三韓・三国・高麗・李氏朝鮮に対して影響力を持ち続けたという証拠にもなろう。

旧石器時代末期・新石器時代から多島海の島々では人の往来があったことであろう。一方で大陸からの大規模な往来が、約3万年前と紀元前500年におこっている。古モンゴロイド、新モンゴロイドの大移動である。新モンゴロイドの大移動は日本の弥生時代に大きな影響を与えた。彼らは、島伝《づた》いに日本列島に至ったのである。これらの移民と倭人・倭族の混成によって島々の島民は成り立っているわけである。

古くから安曇族という海人がこのあたり一帯を商圏としていた。彼らは、福岡県の志賀島を拠点としながら朝鮮から中国、東南アジアへの海路を開拓して海洋民族としても恐れられるほど権勢を誇っていた。日本全国をネットワークで結び、拠点をつくっては商材の売り買い、奴隷の運搬などもしていたと思われる。拠点としていた伽耶から鉄を運び商品を積んで売り歩くという形態もあった。彼らが拠点とし、そのまま永住した場所に、安曇・阿曇・厚見・厚海・渥美・阿積・泉・熱海・飽海などの地名が残っている。

歴史に名を残した安曇比羅夫《あずみのひらふ》は指揮官として百済世子・豊璋を百済に送り届けるが、白村江の戦い（663年）で戦死する。百済に着いた豊璋が王となり、倭の援軍とともに唐・新羅の連合軍との戦いに備えた。その後、唐の増援の水軍7000名が白村江に近づき、陸からも唐・新羅軍が迫ってきた。しかし、倭軍が着いたとき唐の水軍による白村江侵入阻止の陣営が整っていたようである。その10日前に、倭国からの追加援軍が着いていたら戦局は変わっていたであろう。倭の軍船は4回ほど強行突破しようとしたが、ついにならず、敵軍に包囲され火計や潮の流れで船が大破し、敗北したという。武器や弾薬も陸戦用だったのであろうか、上陸を急ぐあまり海上戦で敗北したのである。

安曇比羅夫ら安曇族は、朝鮮半島の地形には知識を持ち合わせていたが、しだいに後進の宗像族に追われるようになる。彼らは、長く玄海灘全域の海を支配していたのだ。やがて、朝廷を支える臣となり、654年、宗像徳善《むなかたのとくぜん》の娘・尼子《あまこ》が、天武天皇の皇子である高市皇子《たけちのみこ》を出産し、天皇の外戚の地位を得ることになる。

## 耽羅国（済州島）には倭族が住んでいた

朝鮮半島の南西海上にある済州島は、韓国名ではチェジュ島というが、古くは耽羅《たんら》国《タムナ》といわれていた。現在、約55万人が住む島である。この耽羅国がどのように歴史の表舞台にでてくるのであろうか。この耽羅国は、後に新羅や百済の属国となるが、もともとは独立国であった。この島にも独特の建国神話があり、他国と似て非なる独自性が強調されている。たとえば、高句麗の建国譚としては、扶余国の侍女が「天上から鶏の卵ほどの大きさの〝気〟が、私の上（お腹）に降りてきて、妊娠したのです」といって産んだ子どもが東明王になったという譚がある。これと同じように、伽耶にも首露王の卵伝説があったが、耽羅国の場合は、卵が東海にある碧浪《へきろう》国から流れてきたといっている点が、他とは違っているところである。この碧浪国について『高麗史』地理志によれば、「日本国」と書いてあるという。『耽羅紀年』には「我こそ碧浪国の使いなり」とあり、しかも「地理志は日本国に作る」とあることから、碧浪国は日本だと考えられている。流れついたのは、王が使う木箱であり、高貴な紫色の朱肉で封印されていたという。

漂着した木箱のなかはどうなっていたのであろうか。「玉函あり、形は鳥の卵の如し」と書かれている。卵は３つあり、それぞれの卵から、３人の姫が生まれるのだが、そのとき、そばにいた使者らしき者が、「3人の娘は、3人の神の后としてあなたがたに託します。どうか夫婦となって大業を遂げて国をおこしてほしい」と告げ、消えていったという伝説が伝わっている。その3神を、高《コ》・良《ヤン》・夫《ブ》といい、夫婦になってから島を高乙郡《コウルグン》、良乙郡《ヤンウルグン》、夫乙郡《ブウルグン》の3つに分けたという。どの国も五穀に恵まれて、馬、牛を養い、日に日に民も富んだといわれている。

多島海には多くの倭族・倭人が住んでいたことから、古代から耽羅国（済州島）では、倭族にかかわる卵伝説が神話になったのだと思われる。つまり、耽羅国には多島海の島や倭から多くの人が移り住んだと考えられるのである。

耽羅国（済州島）に王が現れるのは、唐の時代であるとされている。661年、唐に朝貢している。『唐書』東夷伝に、「その王、儒李都羅《じゅりとら》らの使いを遣わして入朝し、方物を貢ぐ」とあり、662年、『三国史記』新羅本紀に「耽羅国王、佐平《さへい》《サピョン》徒冬音律《ととういんりつ》、来降す」という記事がある。ここで登場する「佐平」という称号は、百済から授かった冠位だという。

475年、百済の王都・漢城は、高句麗軍3万に囲まれて7日間で落ち、百済王・蓋鹵《ケロ》は捕らえられ殺された。高句麗軍は、その勢いでさらに南下し、百済の全土を掌握できたのだが、倭の軍事介入を恐れて深入りを中止したと思われる。そののち、百済王・蓋鹵の子・文周王が立ち熊津《ウンジン》へ遷都した。

このとき、耽羅国は、百済遷都の祝賀に参列したが、百済は耽羅国を朝貢扱いとして、それから属国とした。しかし、耽羅国が朝貢しないので、百済が軍を派兵して海を渡ったという。この時の百済王・東城王は暴虐非道であったために後に廃位されたといわれている。重臣に刺されて殺されたという譚もある。朝鮮半島の複雑な戦況は、そのまま耽羅国の外交の難しさを示している。耽羅国は百済の属国となったが、662年には新羅の属国となっている。白村江の戦いで敗れ、百済再興の望みが消える1年前のできごとであった。

鳥越憲三郎著『古代朝鮮と倭族』によれば、善徳女王が近隣国から災いを取り除くために皇《ファン》竜寺《ヨンサ》に守護塔を建てて祈願したという。その塔が9層となっている。各層は下から順にその国から受ける災いが重い国のことをそれぞれさしているという。つまり、一番下が日本で、以降、中国（唐）・呉越・耽羅国という順であった。耽羅国が4層目であるのは、かなり敵国として警戒されていた証拠でもあるという。これからわかることは、百済や新羅は耽羅国を倭族・倭人の国として見ていたということではないだろうか。また、異民族として見ていたということでもあろう。

## 神社や鳥居に潜む文明の伝承跡

日本の島々には中国や朝鮮半島からきた習慣が広がっている。とくに西海の島々には百済の習慣が多く見られるという。岡谷公二著『原始の神社をもとめて 日本・琉球・済州島』によれば、石を積み上げて円錐状のドームをつくって侵入者を防ぐという宗教的な呪術の役割をする「タブ」というものがいたるところにあったのではないかとされている。

このドームの頂上には鳥の像がある。これは石製ではなく木製だと考えられていたが、現在では石製のものと木製のものとが共存しているという調査結果が支持されている。長江文明でも鳥が大切にされた。鳥を農耕民族（稲族）のシンボルだとするもので、鳥が太陽を運んできて恵みと幸運とをもたらすと信じられていた。マンサク科の落葉高木のフウでできた木の先に鳥が飾りつけられていた。その鳥は日の出の方角、すなわち東を向いて立てられている。

日本の縄文時代には、フウの木ではなく、クリの木を使ったという。クリの生の木は石器でも切断しやすいが、乾燥すると固くなり切れなくなるという。つまり、加工しやすく、しかも、強いというわけである。長江では、まったく同じ理由でフウの木が使用されたと考えられている。鳥越憲三郎著『古代朝鮮と倭族』によれば、韓国の南西にある錦江《クムガン》流域にはタブの傍《かたわ》らに、2本の高い木が立てられていて、1本は龍が巻きついているかのように彫られており、他方は、木の先端に木製の鳥があるという。これらはソッテと呼ばれているが、もともと蘇塗《そと》が訛《なま》ってそう呼ばれたとも考えられている。このようにタブの傍らに祀られる高い木は、長江文明を経て朝鮮半島・日本に伝承されたと思われる。

また、韓国南西にある錦江流域にはタブのてっぺんに石の鳥ではなく、ただの立て石が置かれている場合もあったという。石積みの塔は北方ツングース族のオボ（中国東北地方にあったといわれている地）に起源があるとされているが、詳しくはわかっていない。しかし、ソッテのように先端に鳥を飾る風習はツングース族にはないといわれている。

済州島のタブもまた、独特のものとなっている。タブの頂《いただ》きには自然の石・木製の鳥・石製の鳥などの三様があるのである。自然の石には二様あって、男女が象《かたど》ってある。縦長《たてなが》の自然石を立て、四角とか尖っているとか丸形は男を現し、石に穴が開いているのは女を現しているというのは、少々浅薄な発想のようにも感じられる。しかし、島根県雲南市加茂町から出土した銅鐸の上部に、鋳出《いだ》された顔があり、同様に三角が男、丸が女だとする説があるという。似たような発想は各地にあったようである。

タブやソッテには鳥が同居しているが、「鳥居」にも鳥が祀られているという場合があったという。弥生時代には、村の門にあったとされているが、残念ながら、現在は、その姿を見る機会はほとんどない。そのルーツはどこであろうか。その源流はアカ族だという。彼らは中国雲南省、タイ、ミャンマー、ラオスなどの一帯に住んでいた少数民族である。このあたりから、紀元前1500年に稲耕作（岡山県南溝手遺跡で発見されている）が日本に伝えられている。長江中・下流域は6500年前から稲耕作がおこなわれていたのである。また、穂首刈りに使用した「細石刃《さいせきじん》」も1万4000年前から1万3000年前の間にバイカル湖の民族や黄河・長江（華南）の民族からもたらされている。これらの地の居住者の移動した先が日本であるという。鳥が祀られた「鳥居」もまた、これらの地から人や文化が弥生時代の日本に伝わったということの裏付けにもなろう。

では、その「鳥居」の実態はどのようなものか見てみよう。もともと、村の入口にあったとされるものは、鳥を象ったものや人面の杖とともに注連縄《しめなわ》がしてあったとされている（鳥越憲三郎著『原弥生人の渡来』を参照されたい）。韓国には、それによく似たものがあり、チャンスンといわれている。それは、「天下大将軍」「地下女将軍」と書かれて人面が彫られているかまたは書かれたものが、村の入口にあたるところや観光地などの道の両側に立っている。まるで、東大寺南大門の金剛力士像が、穢《けがれ》を入れさせないという気構えで眼下の者を睨みつけている光景のようである。現在、韓国では観光モニュメントとして立っているが、注連縄はない。アカ族のものは、2本の杖（柱）に注連縄をつけているが、中国の西双版納傣族《シーサンバンナタイ》の自治州では、村を囲むように周囲に注連縄をする風習があるという。それが、いつしか発展して、屋敷や民家にも注連縄を張る風習へと繋がっていったようである。もともと、注連縄には、鬼の目の飾りをつけたり、地面に男女の性器が象られたものを置いたりしたものもあったようである。

出産すると、結界をつくって邪の侵入を防ぐために、注連縄をする風習があった。現在の鳥居にもその名残があって、注連縄にあたる笠木の部分に飾りがあったりする場合もある。民族の誇りとしてシンボルを飾っているのであろう。

## 沖縄と本土および朝鮮半島との交易

ここまで、多島海の島々を見渡してきた。３０００の島々それぞれに、また特に済州島や巨済島などに倭族の痕跡を見つけ出すことができた。いまだ、研究は進められているなかであるが、倭族の活躍があちらこちらに見て取れるのである。

最後に、沖縄を見てみよう。木下尚子著『古代朝鮮・琉球交流試論』では、朝鮮半島から沖縄の貝が発掘されていることを受け、交易路として沖縄と朝鮮半島の間に「貝の道」があったのではないかとしている。沖縄産の貝である「イモガイ」「ゴホウラ」「ヤコウガイ」が、特に朝鮮半島の南部から集中して発見されているのである。また、紀元1世紀から7世紀前半の、皇南大塚《ファンナム》に代表される新羅の古墳から発掘された馬具装飾品のなかには、沖縄産の貝で作られたものがあったというのである。これにより、沖縄と朝鮮半島の間で交易が盛んにおこなわれていたことがわかった。

また、10年ほど前の話ではあるが、韓国の国立済州博物館で、海洋文物交流特別展「韓国－日本沖縄の貝製品を通じた先史時代文化の再発見」が、沖縄の古代における海洋史を探るという目的で開催されたという。これによると、「沖縄には早くから、櫛《くし》の歯のような跡がある韓国の櫛目文土器と同様の土器が存在し、朝鮮半島と持続的な関係があった島」という解説が述べられていたという。実は、縄文時代にこの土器の影響を受けた曽畑式《そばたしき》土器が九州から沖縄あたりまでも含む地域に広まったといわれている。結論として、この地域間における交易が頻繁にあったという証拠になるのではないか。つまり、沖縄から朝鮮半島あるいは沖縄から日本のルートが同時にあったことになり、多方向に交易がおこなわれていたと思われる。

沖縄の歴史は、12世紀以前に書かれた文献などがないといわれていて、究明は手を焼く作業となっている。想像を掻き立てながら進めば、「貝の道」には、複数のルートがあったと思われる。その1つ、北九州~沖縄ルートは北九州から九州の西岸、種子島、屋久島、トカラ列島（鹿児島と奄美大島の間に連なる島々）を通り、沖縄に至る。これが最も古くからあったとされるルートである。北九州から五島列島、対馬、壱岐、島々を経て朝鮮半島に着く古代ルートもあったようである。もう1つ、五島列島から済州島を経て全羅南道に至るルートもあったという。これは、朝鮮半島に直接行くルートである。済州島は、何度も紹介している通り、倭族が居住していた島であるため、ここを経由することは、日本と朝鮮半島が直接つながることに近い意味を持っているのである。いずれにせよ、この海一帯（多島海、西海、黄海、日本海、東シナ海、南シナ海）は、倭族の交易圏を抜きには考えられないのである。

ヤコウガイの馬具装飾は、①貝殻を板状に切断し、②研磨し、③用途に応じた厚さに仕上げ、

④整えて文様とし、⑤縫い付けて固定したものと思われ、光を反射して煌《きら》びやかなものになる。時代は、かなり下がり、7世紀から10世紀ごろになるが、奄美大島からヤコウガイの貝殻が多量に発見されたという。食用として使ったのではなく、貝匙《かいさじ》（さじのような用途に使用）製作のための材料として使われたと思われる。１９９０年代に奄美大島の南側で大きな港が発見された。この島の小湊という港から建物の遺構や製作途中のヤコウガイの貝匙をつくった跡までが確認されたという（高梨修著『ヤコウガイの考古学』）。

現在、ヤコウイガイは漢字で「夜光貝」が当てられているが、夜中に光っているわけではなく、僅かな光でも反射して光ることからつけられたのではないかと思われる。ヤコウガイの工芸品、献上品は漆を施す技術が加わり、さらに重厚感のあるものに仕上がった。ヤコウガイは螺鈿《らでん》工芸の材料として有名なのである。

ヤコウガイは、平安時代には屋久貝（ほかに夜句貝、益救貝という呼称がある）と呼ばれていた。サザエのような渦巻き（螺鈿）をもち、殻の長さが大きいもので17・６センチメートルもあったという。その貝殻は内側にある虹色の光沢をもつ真珠層の部分を板状に切り出して装飾素材として使用されたというが、１つの貝殻から何枚作られたのであろうか。大小合わせても数枚程度だと思われる。

さて、交易による経済効果はどうだったのであろうか。当時の日本本土と沖縄の交易で経済効果があったかどうかは疑問視されているが、奄美大島ではヤコウガイ関連の遺構が大量に発掘されていることから想像を超える交易があった可能性も否定はできない。

岩手県平泉にある中尊寺は昭和28年～30年と平成4年～5年にかけて2回の解体修理がおこなわれ、同時に調査も実施された。1124年に建造された中尊寺の装飾からは36品目に該当する貝が明らかにされ、そのなかに、一際、美しく装飾されたヤコウガイがあったという。それは9世紀後半に本州で消費されたヤコウガイであり、沖縄産であることが示された。産地と消費地を結ぶ航路・交易があったことが裏付けられたのである。

## 沖縄の文化と交易の歴史

紀元前3万年～紀元前2万年（更新世後期）には、北海道から九州、沖縄そして台湾までほぼ陸続きであった。そして、台湾は大陸の一部であった。この時代に古モンゴロイドが日本にやってきている。大陸にいた大形動物（マンモス・オオツノジカ・ナウマンゾウ・ヘラジカなど）を追いかけながらやってきて、日本における旧石器時代をつくっていったのである。時代が下り、1万4000年前ころになると、シベリアのバイカル湖周辺で生まれた細石刃文化が、島伝いに日本にやってきている。この文化は、北海道から日本海沿岸を中心に中国地方にまで分布しているといわれている。

旧石器時代の人骨は、沖縄からも出土している。那覇市からは3万2000年前のものとみられる山下町洞人《やましたちょうどうじん》と名付けられた子どもの大腿骨・顎骨《がくこつ》（上顎骨と下顎骨からなるあごの骨）が発見されている。また、八重瀬町からも1万8000年前（更新世末期）のものとみられる港川人《みなとがわじん》と呼ばれる男女4体分の全身骨格が発見されている。この港川人のルーツが気になるので探ってみよう。かつて、港川人化石は中国広西省（華南）で出土された洪積世《こうせきせい》人骨と同じ種類の人骨であるという発表がされ、その当時の学会を驚かせたという。何故かといえば、それは、同じ時代の華南と沖縄に同じように旧石器時代人がいたという驚きであろう。旧石器時代人は華南↓沖縄↓日本（本土）へと渡ってきたのであろう。それまでは、港川人はオーストラリア先住民ではないかとする説もあったが、それは否定されつつあるわけである。

最近の研究では、沖縄の旧石器時代・新石器時代は日本本土の旧石器時代〜弥生時代とつながりがあるとの認識で一致しているという。そのなかでも、特に北九州との関わりが注目されはじめ、研究が進んでいるといわれている。また、神話については、ポリネシアに広く分布している洪水神話や兄妹始祖などが沖縄にもみられるという。それらは、古宇利島、宮古島、石垣島などにも残っているらしい。

日本の本州や四国・九州で縄文文化および弥生文化が栄えていたころ、沖縄で栄えていた文化を貝塚文化といい、その時代を貝塚時代という。それは縄文時代と弥生時代を貫くほどのかなり長い期間であり、東シナ海、南シナ海には、多くの異民族が行き交う航路が早くから開かれていた。この間、沖縄では、小動物である鹿とか猪などの狩りをしながら海の貝や海藻、魚類などを食べていたという。土器（縄文土器・弥生土器）が発掘されたり、磨製石器などが見つかったりもしている。また、日本本土にはない明刀銭《めいとうせん》なども出土している。明刀銭は、中国の戦国時代（紀元前403年～紀元前221年）の燕国で流通していた青銅製の貨幣である。表面には「明」の字が浮き出されていて刀の形をしていることから「明刀銭」といわれるようになった。中国の華北地方・東北地方や朝鮮半島などからも発見されていることからかなり広く流通していたことがわかる。鉄資源のない沖縄は、北九州との交易で、貝の装飾品と鉄器などを交換していたのであろう。その鉄器（農具も含む）および刀がそのまま隋に献上されてもいたようだ。須恵器も輸入していたという。

貝塚時代の次は、グスク時代といわれているが、耳慣れない人もいるのではないだろうか。グスクとは、聖域とそのまわりを囲んだ城のことをいい、人々はその囲いのなかで生活をしたという。ただし、弥生時代の環濠集落のような大きな規模ではなく、もっと小さなグループであったようだ。また、グスクは権力者が築いた集落地跡のようなところを指す場合もある。

次は地名に関して見てみよう。7世紀の『隋書』には、「流求」という地名が登場する。「りゅ

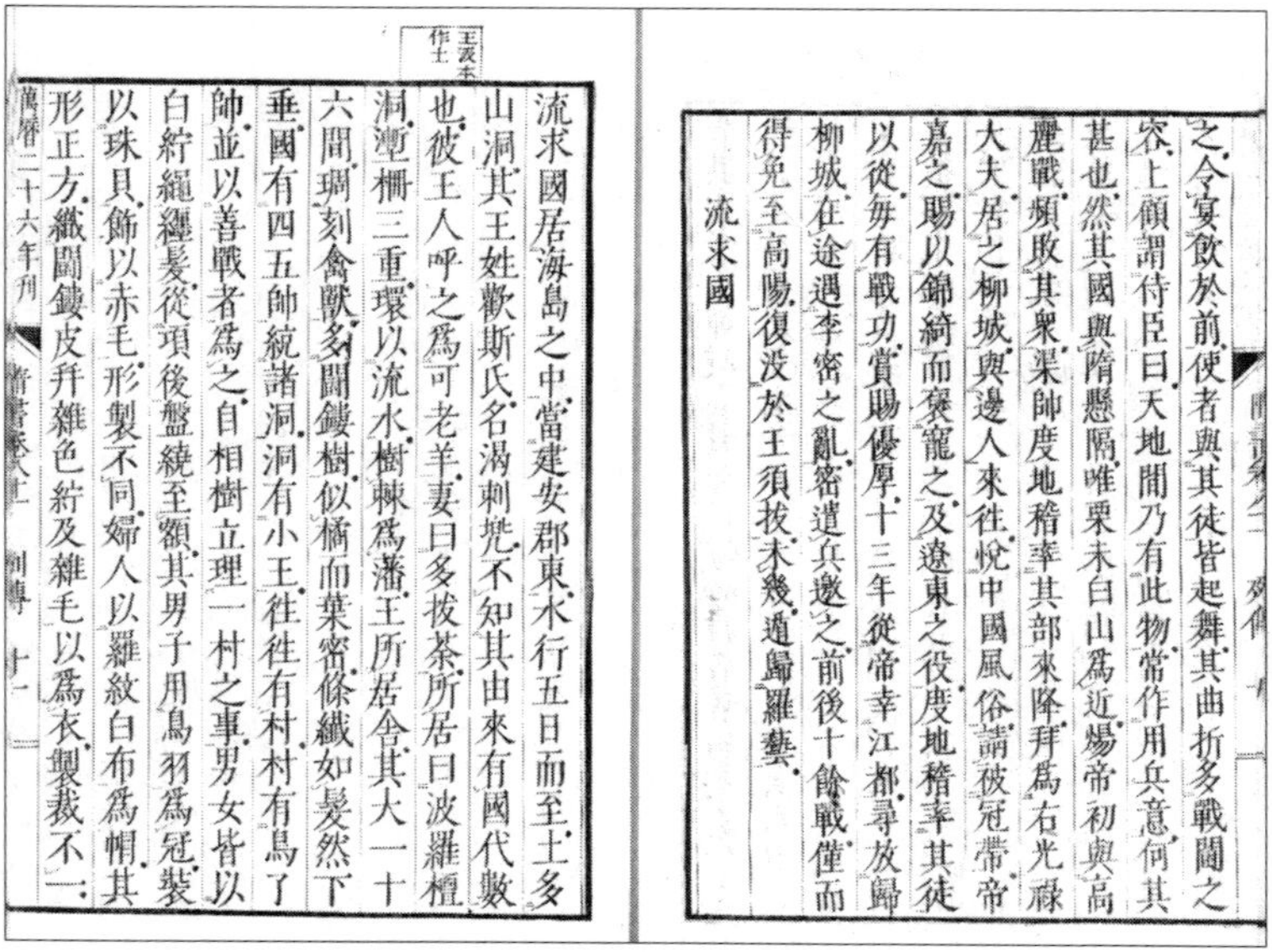
之令宴飲於前使者與其徒皆起舞其曲折多戰鬬之容上顧謂侍臣曰天地間乃有此物常作用兵意何其甚也然其國與隋懸隔唯粟末白山爲近煬帝初與高麗戰頻敗其衆渠帥度地稽率其部來降拜爲右光祿大夫居之柳城與邊人來往悅中國風俗請被冠帶帝嘉之賜以錦綺而褒寵之及遼東之役度地稽率其徒以從每有戰功賞賜優厚十三年從帝幸江都尋放歸柳城在途遇李密之亂密遣兵邀之前後十餘戰僅而得免至高陽復沒於王須拔未幾遁歸羅藝

流求國

流求國居海島之中當建安郡東水行五日而至土多山洞其王姓歡斯氏名渴剌兜不知其由來有國代數也彼土人呼之爲可老羊妻曰多拔茶所居曰波羅檀洞塹柵三重環以流水樹棘爲藩王所居舍其大一十六間琱刻禽獸多鬬鏤樹似橘而葉密條纖如髮然下垂國有四五帥統諸洞洞有小王往往有村村有鳥了帥並以善戰者爲之自相樹立理一村之事男女皆以白紵繩纏髮從項後盤繞至額其男子用鳥羽爲冠裝以珠貝飾以赤毛形製不同婦人以羅紋白布爲帽其形正方織鬬鏤皮并雜色紵及雜毛以爲衣製裁不一

萬曆二十六年刊

『隋書』「流求国」の文字が見える（国立国会図書館蔵）

うきゅう」と読むのであろうが、それが、沖縄を指すのか、台湾を指すのかはわかっていない。一方、14世紀の『元史』では、一例ではあるが「留球」という字を当てていたともいう。明（1368～1644年）の太祖・洪武《こうぶ》帝のとき、「琉球」という字が使われたという。それ以降、朝鮮半島や日本もそれにならったとされている。

沖縄には独自の文字がないという人もいるが、実は、沖縄県の与那国島ではかつて象形文字（絵文字）であるカイダーディー文字（カイダー字）が使われていたという。起源は不明だといわれているが、明治時代、近代日本の初等教育制度がはじまる1886年まであったらしい。以後、日常では使われていないが、デザイン化して民芸品などとして売られているという。この象形文字（絵文字）は、フェニキア文字（紀元前1100年ごろから使われ、地中海貿易の各地に広がった文字。貿易上必要な22文字からなる表音文字である）と同じように、交易の記帳が必要であったためにできたようである。フェニキアは、アジアとヨーロッパを結ぶ交易の中継場所であった。

明治の公教育が導入されて以降、漢字や仮名の普及により使用されなくなったというカイダーディー文字とは、どのようなものだったのだろうか。それは、耕作物、家畜、家禽《かきん》、魚介類、家、船などの数を象形文字化していたようなのである。また、家畜の区別が必要な場合は、例えば、雄馬と雌馬、雄鶏と雌鶏など、それぞれに適する文字が当てられていたともいわれている。

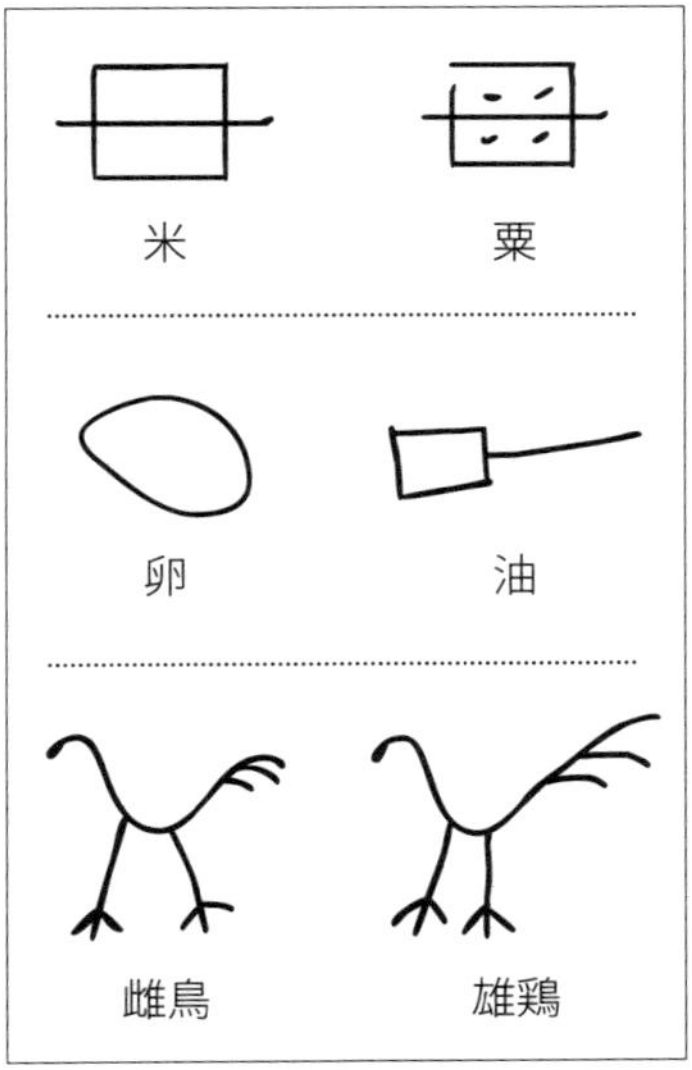

カイダーディー文字の例

かつて、徴税記録を記した木板が国立民族学博物館などにも残されていたというが、多くは、第二次世界大戦の空襲で焼失したという。ただし、与那国島海底地形からは、カイダーディー文字に似た跡のある岩が発見されている。また、野国総管《のぐにそうかん》（野国村の進貢船乗務員）の墓地付近で発見された石刻《せっこく》絵文字が、現在、熊本市立博物館にある。

一方、今でも、ヤーバン・ターバンという絵文字が石垣島・竹富島《ちくぶ》・与那国島などで使われているという。絵文字からしだいに字に発展していくのだが、それ以上の発展はなく、ヤマト言葉が主流になると補助のような役割で使われることになったという。ちなみに、これらの地域は、本土の僧侶などの働きによって13世紀から15世紀にかけて、本土と同じ仮名文字を使うようになっていったという。特に、平安時代のヤマト言葉が沖縄に大きな影響を与えたとする研究がある。外間守善氏によれば、「沖縄では、障子のことをアカイ（明り）といい、日本ではショージ（障子）という。ところが、平安時代にはそれはアカリソウジ（明り障子）といっていた」というのである。つまり平安時代の言葉の名残が沖縄の言葉の中に残っているのである。解明が進めば沖縄の絵文字が古代における大発明であったことが明らかになってくるだろう。今後の研究に期待するところである。

14世紀から15世紀にかけての沖縄は、中山・南山・北山の三国が鼎立《ていりつ》関係にあったが、1429年に中山王の尚氏によって統一されている。それ以前の古代から三国時代までの長い間は、少数民族がそれぞれにクニをつくっていたものと思われる。

紀元前20年のころ、ローマはインドを拠点にしながらビルマ、ジャワ、スマトラなどに商船で訪れている。南シナ海でこのころすでに航海時代がはじまっていたのである。また、東シナ海もこのころ、海人族が活躍して交易が盛んであった。つまり、これらの2大海洋の交易時代の幕開けが進んでいた頃、少数民族に分かれていた古代の沖縄や台湾はその恩恵を受け、交易の中継スポットになっていったと思われる。

三国が統一されることになる15世紀には、沖縄は明と交易しながら、遠くはシャム（タイ）・マラッカ・パレンバン（南スマトラ）・ジャワにまで商船を繰り出していた。外間守善著『沖縄の歴史と文化』を参考に、当時、交易がどのようにおこなわれていたかをみると、１４６３～年１５１１年の間に、20回ほどであったという。沖縄は、マラッカから胡椒、蘇木《そぼく》（生薬）・錫《すず》・白檀《びゃくだん》（香木）・沈香《じんこう》・水銀・樹脂などを手に入れ、マラッカに刀剣・扇子・青磁などを運んでいたようである。しかし、マラッカがポルトガルに屈して、１５１１年にポルトガルの植民地になると、沖縄とマラッカとの交易が絶たれてしまう。また、しだいにポルトガルやスペインなどのヨーロッパ勢によるアジア介入が頻繁になると、沖縄は東南アジア地域の市場から追い落とされ、交易は途絶えるようになる。ただし、シャム（タイ）とパタニ（マレー半島）などとは、限られた交易を続けたという。

15世紀～16世紀にかけて、沖縄は、日本本土に胡椒・象牙・沈香・蘇木を輸出し、同時に刀剣・武具・屏風・扇子などを仕入れて商国として貿易で成り立っていた。あまり知られていないが、沖縄の交易が縮小していったのは、中国・明による海禁政策も理由の1つとしてあげられるという。海禁政策は14世紀（１３７１年）に発布され、官民問わず出海を禁止された。明皇帝・洪武が元《げん》を北に追いやり明を建国したころの譚である。その当時、東シナ海には多くの倭寇が活発に活動していた。倭寇前期と呼ばれる時代である。洪武7年までに倭寇による襲撃が23回を数えたという。ちなみに、「倭寇」とはいっても、実際には日本人以外の賊もかなりの割合でいたと思われるが、今のところ中国側は、中国人はいなかったと主張しているという。この倭寇による被害も大きくなり、皇帝は、海禁をしたといわれているが、実際には、密貿易の取締も兼ねた政策であった。海禁は、明の時代には何度も出されているが、しだいに、明国も貿易に力を入れはじめていく。そのなかにおいて、沖縄の貿易は相対的に減少していくことになる。

## 朝鮮半島と日本、その過去と未来

最後に、新羅による統一以降の朝鮮半島と日本の歴史を軽く振り返って、本稿を終わらせることとしよう。

562年に伽耶（任那）が滅亡した後もしばらく、朝鮮半島では高句麗、新羅、百済が覇権を競う三国時代が続いていたのだが、やがて中国の王朝・唐と連合を組んだ新羅が、660年、百済を破る。663年には百済再興を目指した倭国の援軍を白村江の戦いで破り、さらに668年、高句麗を滅亡させる。その後、半島から唐の勢力を駆逐した新羅は、ついに朝鮮半島の大部分を支配する強固な国を作り上げたのである。

しかし、その新羅も、9世紀になると王位をめぐる争いや地方での反乱が相次ぎ、支配体制が乱れてくる。その乱世の中から、王建《おうけん》《ワンゴン》という武将が台頭。918年に開城《かいじょう》を都として高麗国《こうらい》《コリョ》を建てている。この頃の日本は、長年続いてきた遣唐使が廃止となり、豊かな国風文化が芽生えつつあった時期である。『源氏物語』に象徴されるような雅《みやび》な世界が形作られていくころである。

高麗は、その後しばらく朝鮮半島における統一国家として君臨するのだが、13世紀になると世界を揺るがす激動の荒波にさらされることになる。その荒波とは、モンゴル帝国の台頭である。チンギス・ハンを始祖とするモンゴル帝国は、ユーラシア大陸を席巻。西はロシアや中央アジア、東は中国のほとんどを支配下に置くという大帝国を築き上げたのである。そして高麗は、このモンゴル帝国の属国となっていく。さらにモンゴルは日本へもその勢力を伸ばしていくのだが、時の政権鎌倉幕府が、辛うじてモンゴルの侵攻（元寇／1274年：文永の役、1281年：弘安の役）を退けることに成功する。

こうしてモンゴル帝国による支配は、日本海で止まることになるのだが、その影響は、以降も東アジアを揺るがしていった。モンゴル軍の進出を辛くも抑えた鎌倉幕府であったが、それに要した軍事費、恩賞費用などにより、財務状況が悪化。幕府の権力は一気に弱体化し、ついに1333年、滅亡の憂き目に遭う。その後、日本の朝廷が南北2つに分かれるという前代未間の南北朝時代という混乱期を迎える。１３３８年には足利尊氏により室町幕府が建てられるのであるが、朝廷の分裂という異常事態の解消には至らず、世はいまだ混沌としていた。そのように日本の中央政権が弱体化するなか、日本と中国、朝鮮半島を結ぶ海域では、倭寇と呼ばれた海賊・商人集団の活動が活発化。中国、朝鮮沿岸地域の国々に大きな混乱をもたらしていく。

この時、朝鮮半島に李成桂《りせいけい》《イソンゲ》という武将が現れ、倭寇退治に功績を挙げていく。名声を高めた彼は、やがて高麗を滅ぼし、自ら王となり、朝鮮王朝（李氏朝鮮）を築く。１３９２年のことである。

同年、日本では、室町幕府3代将軍足利義満の尽力により、南北朝の合一が図られている。中国ではその少し前に明朝が建国されており、しばらくは東アジアに安定した国家が並び立つことになる。

しかし、この後、15世紀後半になると、日本で室町幕府の権力は衰え、戦国武将が群雄割拠する戦国時代を迎える。この戦国時代を制して天下を統一した豊臣秀吉は、その矛先《ほこさき》を海外に向ける。１５９２年、朝鮮出兵を果断するのである。６６３年の白村江の戦い以来、ほとんど見られなかった大軍が朝鮮半島へと渡ることとなった。

この朝鮮出兵は、秀吉の死により中止される。以降、政権を握った徳川幕府（江戸幕府）は、間をとりもった対馬の宗氏の活躍により、朝鮮との交流を再開することに成功する。１６０９年には通商条約（己酉約条《きゆうやくじょう》）が結ばれ、１８１１年までに12回もの朝鮮通信使が来日することになる。江戸時代の日本と朝鮮の間は比較的良好な関係を築いていたといってもよいであろう。

しかし、江戸幕府が倒れ明治政府が誕生すると、状況が変わっていく。日清・日露戦争での勝利を経て、朝鮮半島への影響力を確かなものにした日本は1910年、韓国を併合。1945年の終戦まで、その状況は続いていくのである。

やがて、平成の世も四半世紀を過ぎ、戦後70年以上の月日が流れた。21世紀の日本と朝鮮半島（韓国、北朝鮮）、および中国という東アジアの国々は、いったい、いかなる歴史を刻んでいくのであろうか……。

## 『三国史記』

新羅本紀　第一、始祖赫居世西干八年条（紀元前50年）

「倭人、兵を行《つら》ねて、辺《へん》を犯さんと欲す。始祖の神徳有るを聞きて、乃ち還る。」

◎まず、『三国史記』から、紀元前の昔に日本（倭）が新羅（辰韓）に進出していたという記事を紹介しよう。本書の冒頭部の記事の原文である。倭と新羅との間に威信をかけた攻防が繰り広げられた様子が伝わってくるようである。

新羅本紀　第一、始祖赫居世西干三十八年二月条（紀元前20年）

「瓠公《ここう》を遣わして馬韓に聘《へい》せしむ。馬韓王、瓠公を譲《せ》めて曰く。辰下《しんべん》の二韓は、我が属国為《た》り。比年《ひねん》、職貢を輸《ゆ》さず。事大の礼、其れ是の若きかと。対《こた》えて曰く。我が国、二聖の肇興《ちょうこう》自《よ》り、人事修まり、天時和し、倉庾《そうゆ》充実し、人民敬譲せり。辰韓の遺民自り、以て卞韓《べんかん》・楽浪・倭人に至るまで、畏懐《いかい》せざるは無し。而《しか》れども吾が王、謙虚にして、下臣を遣わし修聘《しゅうへい》せしむ。礼に過ぎたりと謂う可し。而るに大王、赫怒《かくど》して、兵を以て劫《おびや》かせり。是れ何の意ならんやと。王、憤り之を殺さんと欲す。左右、諫止す。乃ち帰ることを許す。」

「瓠公は、未だ其の族姓を詳らかにせず。本《もと》、倭人にして、初め瓠を以て腰に繫《か》け、海を渡りて来る。故に瓠公と称す。」

◎次は、辰韓（新羅）が瓠公を馬韓（百済）に遣わした時の描写である。本文でも紹介したが、堂々たる瓠公の態度とその態度に怒りを露わにして動揺してしまう馬韓王との対比が面白い。この後の辰韓（新羅）と馬韓（百済）の国の行く末を象徴しているような場面である。

新羅本紀　第一、脱解尼師今即位前紀

「脱解は、本《もと》、多婆那《たばな》国の所生なり。其の国、倭国の東北一千里に在り。」

◎次の引用は、わずかに一行。脱解王の出自について描かれた部分である。多婆那国が丹波国など日本の国名なのか、それとも辰韓の中の小国なのか、短いながら、さまざまに想いを馳せることができる記事である。

新羅本紀　第六、文武王十年十二月条（６７０年）

「倭国、更めて日本と号す。自ら言う。日出《ひい》づる所に近し。以《ゆえ》に名と為すと。」

◎「日本」の称号が使われるようになったのは、天武天皇の時代ともいわれるが、この『三国史記』の記述を信じれば、それより以前に使われていたことになる。ひょっとすると、「日出づる所の天子」という語が使われていた聖徳太子の時代まで遡ることができるのかもしれない。

## 『出雲国風土記』

各郡　意宇郡　郡総記（国引き神話）

「意宇《おう》と号《なづ》くる所以《ゆゑ》は、国引き坐《ま》しし八束水臣津野命《やつかみづおみづののみこと》、詔《の》りたまひしく、「八雲立つ出雲の国は、狭布《さぬの》の稚国《わかくに》在《な》る哉《かも》。初国小さく所作《つく》れり。故《かれ》、作り縫はむ」と詔りたまひて、「栲衾志羅紀《たくぶすましらき》の三埼《みさき》を、国の余り有りやと見れば、国の余り有り」と詔りたまひて、童女《おとめ》の胸鉏《むなすき》所取《と》らして、大魚《おふを》のきだ衝き別《わ》けて、はたすすき穂振り別けて、三身《みつみ》の綱うち挂《か》けて、霜黒葛《しもつづら》くるやくるやに、河船のもそろもそろに、国来々《くにこ》と引き来縫へる国は、去豆《こづ》の折絶《おりたえ》より、八穂尓支豆支《やほにきづき》の御埼《みさき》なり。此を以《も》ちて、堅め立つる加志《かし》は、石見《いはみ》の国と出雲の国との堺《さかひ》有る、名は佐比売山《さひめやま》、是也《これなり》。亦持ち引ける綱は、薗《その》の長浜、是也。」

◎次は『出雲国風土記』より、国引き神話である。「国の余り有りやと見れば、国の余り有り」「くるやくるやに」「もそろもそろに」「国来々々」と長くない文章の中に何度か繰り返しの表現が使われているところが印象的である。これにより、まるで童謡を奏でているかのようなリズムが生まれ、とてもゆったりとしたイメージが膨らんでいく。
　原文を声に出して読まないと、この味わいはなかなか堪能できないものである。

## 『魏志』「倭人伝」

(原文)

「倭人在帯方東南大海之中、依山島爲國邑。舊百餘國。漢時有朝見者。今使譯所通三十國。從郡至倭、循海岸水行、歴韓國、乍南乍東、到其北岸狗邪韓國。七千餘里、始度一海、千餘里、至對馬國。其大官曰卑狗、副曰卑奴母離。所居絶島、方可四百餘里。土地山險、多深林。道路如禽鹿徑。有千餘戸。無良田、食海物自活。乗船南北市糴。又南渡一海。千餘里、名曰瀚海。至一大國。官亦曰卑狗、副曰卑奴母離。方可三百里。多竹木叢林。有三千許家。差有田地、耕田猶不足食。亦南北市糴。又渡一海、千餘里至末盧國。有四千餘戸。濱山海居。草木茂盛、行不見前人。好捕魚・鰒、水無深淺、皆沈沒取之。東南陸行五百里、到伊都國。官曰爾支、副曰泄謨觚・柄渠觚。有千餘戸。

世有王。皆統屬女王國。郡使往來常所駐。東南至奴國百里。官曰兕馬觚、副曰卑奴母離。有二萬餘戸。東行至不彌國百里。官曰多模、副曰卑奴母離。有千餘家。南至投馬國。水行二十日。官曰彌彌、副曰彌彌那利。可五萬餘戸。南至邪馬壹國、女王之所都。水行十日、陸行一月。官有伊支馬。次曰彌馬升、次曰彌馬獲支、次曰奴佳鞮。可七萬餘戸。自女王國以北、其戸數・道里可得略載、其餘旁國遠絶、不可得詳。次有斯馬國、次有已百支國、次有伊邪國、次有都支國、次有彌奴國、次有好古都國、次有不呼國、次有姐奴國、次有對蘇國、次有蘇奴國、次有呼邑國、次有華奴蘇奴國、次有鬼國、次有爲吾國、次有鬼奴國、次有邪馬國、次有躬臣國、次有巴利國、次有支惟國、次有烏奴國、次有奴國、此女王境界所盡。其南有狗奴國、男子爲王、其官有狗古智卑狗、不屬女王。自郡至女王國萬二千餘里。

(書き下し文)

「倭人は帯方の東南大海の中に在り、山島に依りて国邑《こくゆう》を為す。舊《もと》百餘国。漢の時朝見する者有り、今、使訳通ずる所三十国。

　郡より倭に至るには、海岸に循《したが》って水行し、韓国を歴《へ》て乍《あるい》は南し乍いは東し、其北岸、狗邪韓國に到る七千餘里。始めて一海を度《わた》る千餘里、対馬國に至る。その大官を卑狗《ひく》と曰い、副を卑奴母離《ひなもり》と曰う。居る所絶島、方四百餘里可《ばか》り。土地は山険しく、深林多く、道路は禽鹿の徑の如し。千餘戸有り。良田無く、海物を食して自活し、船に乗りて南北に市糴《てき》す。又南一海を渡る千餘里、名づけて瀚海《かんかい》と曰う。一大國に至る。官を亦卑狗と曰い、副を卑奴母離と曰う。方三百里可り。竹木・叢林多く、三千許《ばか》りの家有り。差《やや》田地有り、田を耕せども猶食するに足らず、亦南北に市糴す。

又一海を渡る千餘里、末盧《まつら》國に至る。四千餘戸有り。山海に濱《そ》うて居る。草木茂盛し、行くに前人を見ず。好んで魚鰒《ふく》を捕え、水深浅と無く、皆沈没して之を取る。東南陸行五百里にして、伊都國に到る。官を爾支と曰い、副を泄謨觚、柄渠觚と曰う。千餘戸有り。世王有るも、皆女王國に統属す。郡使の往来常に駐まる所なり。東南奴國に至る百里。官を兕馬觚と曰い、副を卑奴母離と曰う。二萬餘戸有り。東行不彌國に至る百里。官を多模と曰い、副を卑奴母離と曰う。千餘家有り。

南、投馬國に至る水行二十日。官を彌彌と曰い、副を彌彌那利と曰う。五萬餘戸可り。南、**邪馬壹國に至る、女王の都する所**、水行十日陸行一月。官に伊支馬有り。次を彌馬升と曰い、次を彌馬獲支と曰い、次を奴佳鞮と曰う。七萬餘戸可り。女王國より以北、其の戸数・道里は略載す可きも、その餘の旁國は遠絶にして得て詳かにす可からず。

次に斯馬國有り。次に已百支國有り、次に伊邪國有り、次に郡支國有り、次に彌奴國有り、次に好古都國有り、次に不呼國有り、次に姐奴國有り、次に對蘇國あり、次に蘇奴國有り、次に呼邑國有り、次に華奴蘇奴國有り、次に鬼國有り、次に為吾國有り、次に鬼奴國有り、次に邪馬國有り、次に躬臣國有り、次に巴利國有り、次に支惟國有り、次に烏奴國有り、次に奴國有り。此れ女王の境界の盡くる所なり。

その南に狗奴國有り。男子を王と為す。其の官に狗古智卑狗有り。女王に属せず。郡より女王國に至る萬二千餘里。」

◎『魏志』「倭人伝」は大きく３つの部分に分かれている。最初の部分は、朝鮮半島から邪馬台国までの行程に関する記述である。この記述通りに進むと日本列島を突き抜けてしまうことが、いまだに邪馬台国所在地論争が続いている根本的な理由となっている。現在では、この記述の距離の部分を勘案した九州説、角度に調整を加えた畿内説などが有力となっている。
また、本文との関わりでは、この行程が、安曇族などの海の民の交易ルートと重なっていることに注目しておきたい。

なお、邪馬台国の所在地などを考えるには、原文をどう解釈するかということが重要になってくる。そのため、この『魏志』「倭人伝」のみは、原文（漢文）も一緒に紹介することとした。


（原文）

「男子無大小皆黥面文身。自古以來、其使詣中國、皆自稱大夫。夏后少康之子封於會稽、斷髮文身以避蛟龍之害。今倭水人好沈沒捕魚蛤、文身亦以厭大魚水禽、後稍以爲飾。諸國文身各異、或左或右、或大或小、尊卑有差。計其道里、當在會稽・東治之東。其風俗不淫、男子皆露紒、以木緜招頭。其衣横幅、但結束相連、略無縫。婦人被髪屈紒、作衣如單被、穿其中央、貫頭衣之。種禾稻・紵麻、蠶桑・緝績、出細紵・縑緜。其地無牛・馬・虎・豹・羊・鵲。兵用矛・楯・木弓。木弓短下長上、竹箭或鐵鏃或骨鏃、所有無與儋耳・朱崖同。倭地温暖、冬夏食生菜、皆徒跣。有屋室、父母兄弟臥息異處、以朱丹塗其身體、如中國用粉也。食飲用籩豆、手食。其死、有棺無槨。封土作冢。始死停喪十餘日、當時不食肉、喪主哭泣、他人就歌舞飲酒。已葬、擧家詣水中澡浴、以如練沐。其行來渡海詣中國、恆使一人不梳頭、不去蟣蝨、衣服垢汚、不食肉、不近婦人、如喪人。名之爲持衰。若行者吉善、共顧其生口財物、若有疾病、遭暴害、便欲殺之、謂其持衰不謹。出眞珠・青玉。其山有丹、其木有柟・杼・豫樟・楺・櫪・投・橿・烏號・楓香。其竹篠・簳・桃支。有薑・橘・椒・蘘荷、不知以爲滋味。有獮猴・黒雉。其俗擧事行來、有所云爲、輒灼骨而卜、以占吉凶。先告所卜、其辭如令龜法。視火坼占兆。其會同坐起、父子・男女無別。人性嗜酒。見大人所敬、但搏手以當跪拜。其人壽考、或百年、或八、九十年。其俗、國大人皆四、五婦、下戸或二、三婦、婦人不淫。不妒忌。不盜竊、少諍訟。其犯法、輕者沒其妻子、重者滅其門戸及宗族。尊卑各有差序、足相臣服。收租賦。有邸閣。國國有市、交易有無。使大倭監之。自女王國以北、特置一大率、檢察諸國、諸國畏憚之。常治伊都國、於國中有如刺史。王遣使詣京都・帶方郡・諸韓國、及郡使倭國、皆臨津搜露、傳送文書賜遺之物詣女王、不得差錯。下戸與大人相逢道路、逡巡入草、傳辭説事、或蹲或跪、兩手據地、爲之恭敬。對應聲曰噫。比如然諾。」

（書き下し文）

**男子、大小と無く、皆黥面文身《げいめんぶんしん》す。**古より以来、其の使中國に詣るや、皆自ら大夫と称す。夏后小康の子、会稽《かいけい》に封ぜられ、断髪文身、以って蛟龍の害を避く。今倭の水人、好んで沈没して魚蛤《ぎょこう》を捕え、文身し亦た以って大魚・水禽《すいきん》を厭《はら》う。後稍《やや》以って飾りと為す。諸國の文身各異り、或は左にし或は右にし、或は大に或は小に、尊卑差あり。その道里を計るに、当に会稽の東冶《とうや》の東に在るべし。

其の風俗、淫《いん》ならず。男子は皆露紒《ろかい》し、木綿を以って頭に招《か》け、其の衣は横幅、但結束して相連《あいつら》ね、略《ほぼ》縫うこと無し。婦人は被髪屈紒《ひはつくっかい》し、衣を作ること単被《たんぴ》如く、其の中央を穿《うが》ち、頭を貫きて之を衣《き》る。禾稲《かとう》・紵麻《ちょま》を種《う》え、蚕桑緝績《さんそうしゅうせき》し、細紵《さいちょ》・縑緜《けんめん》を出だす。其の地には牛・馬・虎・豹・羊・鵲《じゃく》無し。兵には矛・盾・木弓を用う。木弓は下を短く上を長くし、竹箭《ちくせん》は或は鐵鏃《てつぞく》、或は骨鏃なり。有無する所、儋耳《たんじ》・朱崖《しゅがい》と同じ。

倭の地は温暖、冬夏生菜を食す。皆徒跣《とせん》。屋室有り。父母兄弟、臥息處《がそくところ》を異にす。朱丹を以って其の身体に塗る、中國の粉を用うるが如きなり。食飲には籩豆《へんとう》を用い手食す。其の死には棺有るも槨《かく》無く、土を封じて冢《つか》を作る。始め死するや、停喪十餘日。時に當りて肉を食わず、喪主哭泣《こっきゅう》し、他人就きて歌舞飲酒す。已に葬れば、挙家水中に詣りて澡浴し、以って練沐の如くす。其の行来・渡海、中國に詣るには、恒に一人をして頭を梳《くしけず》らず、蟣蝨《きしつ》を去らず、衣服垢汚、肉を食わず、婦人を近づけず、喪人の如くせしむ。之を名づけて持衰《じさい》と為す。若し行く者吉善なれば、共に其の生口・財物を顧し、若し疾病有り、暴害に遭えば、便《すなわ》ち之を殺さんと欲す。その持衰謹まずと謂えばなり。

真珠・青玉を出だす。其の山には丹有り。其の木には柟《くす》・杼《とち》・豫樟《くすのき》・楺《ぼけ》・櫪《くぬぎ》・投《すぎ》・橿《かし》・烏號《やまぐわ》・楓香《おかつら》有り。其の竹には篠・簳《やだけ》・桃支《かづらだけ》。薑《しょうが》・橘・椒《さんしょう》・蘘荷《みょうが》有るも、以って滋味と為すを知らず。獼猿《おおざる》・黒雉有り。

其の俗挙事行来に、云為する所有れば、輒《すなわ》ち骨を灼《や》きて卜し、以って吉凶を占い、先ず卜する所を告ぐ。其の辭は令龜の法の如く、火坼《たく》を視て兆を占う。

その會同・坐起には、父子男女別無し。人性酒を嗜《たしな》む。大人の敬する所を見れば、但手を搏ち以って跪拝に當つ。其の人壽考、或は百年、或は八・九十年。其の俗、国の大人は皆四・五婦、下戸も或は二・三婦。婦人淫せず、妬忌せず、盗窃せず、諍訟少なし。其の法を犯すや、軽き者は其の妻子を没し、重き者はその門戸及び宗族を滅す。尊卑各差序《さじょ》有り、相臣服するに足る。租賦《そふ》を収む、邸閣《ていかく》有り、國國市あり。有無を交易し、大倭をして之を監せしむ。

女王國より以北には、特に一大率《いちだいそつ》を置き、諸國を検察せしむ。諸國之を畏憚《いたん》す。常に伊都國に治す。國中において刺史《しし》の如き有り。王、使を遣わして京都・帯方郡・諸韓國に詣り、及び郡の倭國に使するや、皆津に臨みて捜露し、文書・賜遺の物を傳送して女王に詣らしめ、差錯《ささく》するを得ず。

下戸、大人と道路に相逢えば、逡巡《しゅんじゅん》して草に入り、辭を傳え事を説くには、或は蹲《うずくま》り或は跪《ひざまず》き、両手は地に據《よ》り、之が恭敬を為す。対応の声を噫《あい》と曰う、比するに然諾の如し。

◎次は、邪馬台国の自然、風俗などに関する部分である。豊かな森や動物たちに関する記述を見ながら、この森はイタケルたちがもたらしたものなのだろうか、などと想像を膨らませてみるのもよいだろう。

その他、邪馬台国の人々がとても長寿だったり、酒を飲むのが好きだったり、身分の上下関係が厳しかったりといった記述にも驚かされるものがある。

しかし、本文との関係では、習俗としての鯨面文身の記述に着目しておく必要があろう。海の民、倭族の暮らしの一端が垣間見られる貴重な記述なのである。

(原文)

「其國本亦以男子爲王。住七八十年、倭國亂、相攻 伐歴年。乃共立一女子爲王、名曰卑彌呼。事鬼道、能惑衆。年已長大、無夫壻、有男弟、佐治國。自爲王以來、少有見者。以婢千人自侍。唯有男子一人、給飲食、傳辭出入。居處・宮室・樓觀・城柵、嚴設、常有人持兵守衞。

女王國東渡海千餘里、復有國、皆倭種。又有侏儒國。在其南。人長三四尺、去女王四千餘里。又有裸國・黒齒國、復在其東南。船行一年可至。參問倭地、絶在海中洲島之上。或絶或連、周旋可五千餘里。

景初二年六月、倭女王遣大夫難升米等詣郡、求詣天子朝獻。太守劉夏遣吏將送詣京都。其年十二月、詔書報倭女王曰、制詔親魏倭王卑彌呼。帶方太守劉夏遣使送汝大夫難升米・次使都市牛利、奉汝所獻男生口四人・女生口六人・斑布二匹二丈、以到。汝所在踰遠、乃遣使貢獻、是汝之忠孝、我甚哀汝。今以汝爲親魏倭王、假金印紫綬、裝封付帶方太守假授汝。其綏撫種人、勉爲孝順。汝來使難升米・牛利渉遠、道路勤勞。今以難升米爲率善中郎將、牛利爲率善校尉、假銀印・青綬、引見勞賜遣還。今以絳地交龍錦五匹・絳地縐粟罽十張・蒨絳五十匹・紺青五十匹、答汝所獻貢直。又特賜汝紺地句文錦三匹・細班華罽五張・白絹五十匹・金八兩・五尺刀二口・銅鏡百枚・眞珠・鉛丹各五十斤、皆裝封付難升米・牛利還到録受。悉可以示汝國中人、使知國家哀汝、故鄭重賜汝好物也。

正始元年、太守弓遵遣建中校尉梯儁等奉詔書・印綬詣倭國、拜假倭王。并齎詔賜金・帛・錦罽・刀・鏡・采物。倭王因使上表答謝恩詔。其四年、倭王復遣使大夫伊聲耆・掖邪狗等八人、上獻生口・倭錦・絳青縑・緜衣・帛布・丹木・㺃・短弓矢。掖邪狗等壹拜率善中郎將印綬。其六年、詔賜倭難升米黄幢、付郡假授。其八年、太守王頎到官。倭女王卑彌呼與狗奴國男王卑彌弓呼素不和、遣倭載斯・烏越等詣郡、説相攻擊状。遣塞曹掾史張政等、因齎詔書・黄幢、拜假難升米爲檄告喩之。卑彌呼以死、大作冢、徑百餘歩。狗葬者奴婢百餘人。更立男王、國中不服。更相誅殺、當時殺千餘人。復立卑彌呼宗女壹與、年十三爲王。國中遂定。政等以檄告喩壹與。壹與遣倭大夫率善中郎將掖邪狗等二十人送政等還。因詣臺、獻上男女生口三十人、貢白珠五千・孔青大句珠二枚・異文雑錦二十四。」

（書き下し文）

「その國、本亦男子を以って王と為し、住《とど》まること七・八十年。倭國亂れ、相攻伐《こうばつ》すること歴年、乃ち共に一女子を立てて王と為す。名を**卑彌呼**と曰う。鬼道に事え、能く衆を惑わす。年已に長大なるも、夫婿《ふせい》なく、男弟有り、佐《たす》けて國を治む。王と為りしより以来、見る有る者少なく、婢千人を以って自ら侍せしむ。唯男子一人あり、飲食を給し、辭を傳え、居處に出入す。宮室・楼觀・城柵、厳かに設け、常に人有り、兵を持して守衛す。

女王國の東、海を渡る千餘里、復た國有り、皆倭種なり。又侏儒《しゅじゅ》國有り、其の南に在り。人の長《たけ》三・四尺、女王を去る四千餘里。又裸國・黒歯國有り、復た其の東南に在り。船行一年にして至る可し。倭の地を参問するに、海中洲島の上に絶在し、或は絶え或は連なり、周施五千餘里可りなり。

景初《けいしょ》二年六月、倭の女王、大夫難升米《たいふなしめ》等を遣わし郡に詣《いた》り、天子に詣りて朝獻せんことを求む。太守劉夏《りゅうか》、吏を遣わし、将《も》って送りて京都に詣らしむ。

其の年十二月、詔書して倭の女王に報じて曰く、「親魏倭王卑彌呼に制詔す。帯方の太守劉夏、使を遣わし汝の大夫難升米・次使都市牛利を送り、汝獻ずる所の男生口四人・女生口六人・班布二匹二丈を奉り以って到る。汝が在る所踰《はる》かに遠きも、乃ち使を遣わして貢獻す。是れ汝の忠孝、我れ甚だ汝を哀れむ。今**汝を以って親魏倭王と為し、金印紫綬を假《ゆる》し**、装封して帯方の太守に付し假綬《かじゅ》せしむ。汝、其れ種人を綏撫《すいぶ》し、勉めて孝順を為せ。汝が來使難升米・牛利、遠きを渉り、道路勤労す。今、難升米を以って率善中郎将と為し、牛利を率善校尉と為し、銀印青綬を假し、引見労賜し遣わし還す。今、絳《こう》地交竜錦五匹・絳地縐粟罽《すうぞくけい》十張・蒨《せん》絳五十匹・紺青五十匹を以って汝が獻ずる所の貢直に答う。又特に汝に**紺地句文錦三匹・細班華罽五張・白絹五十匹・金八兩・五尺刀二口・銅鏡百牧・眞珠・鉛丹各五十斤を賜い**、皆装封して難升米・牛利に付す。還り到らば録受し、悉く以って汝が國中の人に示し、國家汝を哀れむを知らしむ可し。故に鄭重に汝に好物を賜うなり」と。

正始元年、太守弓遵、建中校尉梯儁《ていしゅん》等を遣わし、詔書・印綬を奉じて、倭國に詣り、倭王に拝假し、幷びに詣を齎《もたら》し、金帛・錦罽・刀・鏡・采物を賜う。倭王、使に因って上表し、詔恩を答謝す。

其の四年、倭王、復た使大夫伊声者・掖邪狗等八人を遣わし、生口・倭錦・絳青縑・緜衣・帛布・丹・木拊・短弓矢を上獻す。掖邪狗等、率善中郎将の印綬を壹拝す。

其の六年、詔して倭の難升米に黄幢《こうどう》を賜い、郡に付して仮授せしむ。

其の八年、太守王頎《おうき》官に到る。倭の女王卑彌呼、狗奴國の男王卑彌弓呼《ひみここ》と素《もと》より和せず。倭の載斯烏越等を遣わして郡に詣り、相攻撃する状を説く。塞曹掾史張政等を遣わし、因って詔書・黄幢を齎らし、難升米に拝假せしめ、檄を為《つく》りてこれを告喩す。

卑彌呼以って死す。大いに冢《つか》を作る。徑百餘歩、狗葬する者、奴婢百餘人。更に男王を立てしも、國中服せず。更相《こもごも》誅殺し、當時千餘人を殺す。復た卑彌呼の宗女壹與年十三なるを立てて王と為し、國中遂に定まる。政等、檄を以って壹與を告喩す。壹與、倭の大夫率善中郎将掖邪狗等二十人を遣わし、政等の還るを送らしむ。因って臺に詣り、男女生口三十人を獻上し、白珠五千・孔青大句珠二牧・異文雑錦二十匹を貢す。」

◎最後は邪馬台国卑弥呼の治世に関する部分である。鬼道（呪術）を使い、弟とともに政治を行なっている卑弥呼を、帝を助ける巫女として『記紀』に記された倭迹迹日百襲姫命《やまとととひももそひめのみこと》に比定するといった読み方も楽しめよう。

本文との関係でいえば、やはり魏の国への遣使の部分に注目しておきたい。親魏倭王の名称とともに賜ったという銅鏡百枚が果たして「三角縁神獣鏡」なのか？「親魏倭王」の金印が見つかることはないのか？　今後の研究にさらなる期待を寄せたい。

## 『日本書紀』

巻第一　第八段　一書第四

「一書に曰はく、素戔嗚尊《すさのおのみこと》の所行無状《しわざあづきな》し。故《かれ》、諸《もろもろ》の神《かみたち》、科《おほ》するに、千座置戸《ちくらおきと》を以てし、遂に逐《やら》う。

是の時に、素戔嗚尊、其の子五十猛神《みこいたけるのかみ》を帥《ひき》ゐて、新羅國《しらきのくに》に降到《あまくだ》りまして、曾尸茂梨《そしもり》の處に居《ま》します。

乃ち興言《ことあげ》して曰《のたま》はく、「此の地《くに》は、吾《われ》居《を》らまくす欲《ほり》せじ」とのたまひて、遂に**埴土《はに》を以て舟に作りて**、乗りて東《ひむがしのかた》に渡りて、出雲國の簸《ひ》の川上に所在《あ》る、鳥上《とりかみ》の峯《たけ》に到る。時に彼処《そこ》に人を吞む大蛇《おろち》有り。素戔嗚尊、乃ち天蠅斫之劍《あめのははきりのつるぎ》を以て、彼の大蛇を斬りたまふ。時に、蛇《おろち》の尾を斬りて、刃、欠けぬ。即ち擘《さ》きて視《みそなは》せば、尾の中に一《ひとつ》の神《あや》しき劍有り。素戔嗚尊の曰はく、「此は以て吾《わ》が私《わたくし》に用ゐるべからず」とのたまひて、乃ち五世の孫天之葺根神《あめのふきねのかみ》を遣《まだ》して、天《あめ》に上奉《たてまつりあ》ぐ。此《これ》今、所謂《いわゆる》草薙劍《くさなぎのつるぎ》なり。初め**五十猛神、天降《あまくだ》ります時に、多《さは》に樹種《こだね》を将《も》ちて下る**。然れども韓地《からくに》に殖ゑずして、盡に持ち帰る。遂に筑紫より始めて、凡《すべ》て大八洲國《おおやしまのくに》の内に、播殖《まきおほ》して青山に成さずといふこと莫《な》し。所以《このゆえ》に、五十猛命を稱《なづ》けて有功《いさをし》の神とす。即ち紀伊國に所坐《ましま》す大神《おおかみ》是なり。」

「一書に曰はく、素戔嗚尊の曰はく、「韓郷《からくに》の嶋には、是金銀《こがねしろかね》有り。若使《たとひ》吾が兒の所御《しら》す國に、浮寶《うくたから》有らずは、未だ佳《よ》からず」とのたまひて、乃ち鬚髯《ひげ》を抜きて散《あか》つ。即ち杉に成る。又、胸の毛を抜き散つ。是、檜に成る。尻《かくれ》の毛は、是柀《まき》に成る。眉の毛は是櫲樟《くす》に成る。已《すで》にして其の用ゐるべきものを定む。乃ち稱《ことあげ》して曰はく、「杉及び櫲樟、此の兩《ふたつ》の樹は、以て浮寶とすべし。檜は以て瑞宮《みつのみや》を為《つく》る材《き》にすべし。柀は以て顯見蒼生《うつしきあおひとくさ》の奥津棄戸《おきつすたへ》に将《も》ち臥《ふ》さむ具《そなえ》にすべし。夫《そ》の噉《くら》ふべき八十木種《やそこだね》、皆能《よ》く播《ほどこ》し生《う》う」とのたまふ。時に素戔嗚尊の子《みこ》、號《なづ》けて五十猛命と曰す。妹《いろも》大屋津姫命《おおやつひめのみこと》、次に枛津姫命《つまつひめのみこと》。凡《すべ》て此の三《みはしら》の神、亦能く木種を分布《まきほどこ》す。即ち紀伊國に渡し奉《まつ》る。然して後に、素戔嗚尊、熊成峯《くまなりのたけ》に居《ま》しまして、遂に根國に入《い》りましき。棄戸、此をば須多杯《すたへ》と云ふ。柀、此を磨紀《まき》と云ふ。」

◎『日本書紀』からは、まず、スサノオとイタケルに関する記述を紹介しておこう。ここにも登場する「埴土」を以て作った船が、単なる「土の船」でないと思われることは、本文を読んでいただければおわかりいただけることであろう。

巻第十九　欽明天皇二十三年一月

「二十三年の春正月に、新羅、任那の官家《みやけ》を打ち滅しつ。一本に云はく、二十一年に、任那滅ぶといふ。總《すべ》ては任那と言ひ、別《わき》ては加羅國《からのくに》、安羅國《あらのくに》、斯二岐國《しにきのくに》、多羅國《たらのくに》、卒麻國《そちまのくに》、古嵯國《こさのくに》、子他國《したのくに》、散半下國《さんはんげのくに》、乞飡國《こちさんのくに》、稔禮國《にむれのくに》と言ふ、合せて十國なり。」

巻第十九　欽明天皇二十三年七月

「秋七月己巳《つちのとのみ》の朔《ついたちのひ》に、新羅、使《つかひ》を遣《まだ》して調賦《みつきもの》を獻《たてまつ》る。其の使人《つかひ》、新羅、任那を滅しつと知りたれば、國恩《みかどのめぐみ》に背《そむ》けることを恥ぢて、敢へて罷《まか》らむと請《まう》さず。遂に留りて本土《もとのくに》に歸らず。例《あと》、國家《みかど》の百姓《おほみたから》に同じ。今河内國の更荒郡《さららのこほり》の鸕鷀野邑《うののさと》の新羅人の先《おや》なり。

是の月に、大將軍紀男麻呂宿禰《おほきいくさのきみきのをまろのすくね》を遣《つかは》して、兵《ゐ》を將て哆唎《たり》より出づ。副將河邊臣瓊缶《そひのいくさのきみかはへのおみにへ》、居曾山《こそむれ》より出づ。而して新羅の、任那を攻むる狀《かたち》を問はむとす。遂に任那に到りて、薦集部首登弭《こもつめべのおびととみ》を以て、百済に遣して、軍の計《いくさたばかり》を約束《ちぎりむす》ばしむ。登弭、仍りて妻《め》の家に宿る。印書《しるしのふみ》、弓箭《ゆみや》を路に落す。新羅、具《つぶさ》に軍《いくさ》の計《たばかり》を知る。卒《にはか》に大きなる兵《いくさ》を起して、敗亡《やぶれ》を尋《つ》ぎ屬《つ》ぎぬ。降歸附《まうしたが》はむと乞《まう》す。紀男麻呂宿禰、取勝《か》ちて師《いくさ》を旋《めぐら》して百済の營《いほり》に入る。軍中《いくさのうち》に令《のりごと》して曰はく、「夫《そ》れ勝ちても敗れむことを忘れず。安けれども必ず危きことを慮るは、古《いにしへ》の善き教《のり》なり。今處《お》るところの疆畔《さかひ》、豺狼《あた》交接《あひまじは》れり。而るを輕《かるがる》しく忽《わす》れて、變難《のちのわざはひ》を思はざるべけむや。況や復《また》、平安《やす》き世にも、刀劍《たちつるぎ》、身を離たず。蓋《けだ》し君子《さかしきひと》の武備《たけきそなへ》は以て已むべからず。深く警《つつし》み戒めて、斯の令《のりごと》を務め崇《たふと》ぶべし」。士卒《いくさのひとども》、皆心を委《せ》めて服《つ》き事《つか》ふ。河邊臣瓊缶、獨り進みて轉《いよいよ》闘ふ。向ふ所皆抜《ぬきと》りつ。新羅、更白旗を擧げて、兵《つはもの》を投《なげす》てて降首《したが》ふ。河邊臣瓊缶、元より兵《つはもののみち》を曉《し》らずして、對《むか》ひて白旗を擧げて、空爾《ただ》に獨り進む。新羅の闘將《いくさのきみ》の曰はく、「將軍河邊臣、今降《したが》ひなむ」。乃ち軍を進めて逆《むか》へ戰ふ。鋭《ときさき》を盡して湍《と》く攻めて破りつ。前鋒《さき》の傷《やぶ》る所、甚だ衆《おほ》し。倭國造手彦《やまとのくにのみやつこてひこ》、自ら救ひ難きことを知りて、軍を棄てて遁れ逃ぐ。新羅の闘將、手に鈎戟《ほこ》を持《と》りて、追ひて城《き》の洫《みぞ》に至りて、戟《ほこ》を運《めぐら》して撃つ。手彦、因りて駿馬《すぐれたるうま》に騎《の》りて、城の洫を超し渡りて、僅に身を以て免《のが》る。闘將、城の洫に臨みて歎きて曰はく、「久須尼自利《くすにじり》」（此は新羅の語《ことば》にして、未だ詳《つまびらか》ならず。）といふ是《ここ》に、河邊臣、遂に兵を引きて退きて、急《たちまち》に野に營《いほり》す。是に、士卒、盡に相欺蔑《ないがしろ》にして、遵《したが》ひ承《う》くること有ること莫し。闘將、自ら營の中に就《ゆ》きて、悉に河邊臣瓊缶等、及び其の隨へる婦《たをやめ》を生けながら虜《とりこ》にす。時に、父子夫婦《かぞこいもせ》、相恤《あはれ》むこと能はず。闘將、河邊臣に問ひて曰はく、「汝、命と婦と、孰《いづれ》か尤《はなは》だ愛《を》しき」といふ。答へて曰はく、「何ぞ一《ひとり》の女《め》を愛《をし》みて、禍を取らむや。如何にといへども命に過ぎざらむ」といふ。遂に許して妾《め》とす。闘將遂に露《あらは》なる地《ところ》にして其の婦女を姧《をか》す。婦女後に還る。河邊臣、就きて談《かた》らはむとす。婦人、甚だ以て慙《は》ぢ恨みて、隨はずして曰はく、「昔《さき》に君、輕《かろがろ》しく妾《やつこ》の身を賣りき。今何の面目《おもて》ありてか相遇はむ」といふ。遂に肯言《あひしたが》はず。是の婦人は、坂本臣の女、甘美媛《うましひめ》と曰ふ。同じ時に虜《とりこに》せられたる、調吉士伊企儺《つきのきしいきな》、人と爲り勇烈《たけ》くして、終《つい》に降服《したが》はず。新羅の闘將、刀《たち》を抜きて斬らむとす。逼《せ》めて褌《はかま》を脱かしめて、追ひて尻臀《しりたぶら》を以て日本《やまと》に向はしめて、大きに號叫《さけ》（叫は咷《さけぶ》なり。）びて曰はしむらく、「日本の將《いくさのきみ》、我が臗脽《しり》を囓《くら》へ」といはしむ。即ち號叫《さけ》びて曰はく、「新羅の王《こきし》、我が臗脽を啗へ」といふ。苦め逼《せ》まると雖も、尚前《なおさき》の如く叫ぶ。是に由りて殺される。其の子舅子《をじこ》、亦其の父《かぞ》を抱《むだか》へて死ぬ。伊企儺、辭旨《ことば》奪ひ難きこと、皆此の如し。此に由りて、特《ひと》り諸《もろもろ》の將帥《いくさのきみ》の爲に痛み惜《をし》まる。其の妻《つま》、大葉子《おほばこ》、亦並に禽《ならびとりこに》せらる。愴然《いた》みて歌《うたよみ》して曰はく、

　韓国《からくに》の　城《き》の上《へ》に立ちて　大葉子は　領布《ひれ》振らすも　日本《やまと》へ向きて

或有和《あるひとこた》へて曰はく、

　韓国の　城の上に立たし　大葉子は　領布振らす見ゆ　難波《なには》へ向きて」

◎最後に紹介するのは、任那（伽耶）滅亡の記事である。1月の任那滅亡を伝える文章は、妙に淡々とした記述なのだが、その後、7月の時点での日本と新羅との戦に関する記事は、実に迫力ある描写が繰り返されている。威信をかけて争う両国の軍人《いくさびと》。犠牲になる女性たち。いくつものドラマが繰り広げられた後、凄惨な舞台で詠まれた2つの歌が心を打つ。

原文ならではの迫力が、時代を精一杯生きた人間たちのドラマをまざまざと想起させてくれる。

## ◉あとがき

南の猿人といわれていたアウストラロピテクスが400万年前にいたことは教科書でも触れているが、2001年、アフリカ中央に位置するチャドから古人化石が発見された。これが、700万年前にいたサヘラントロプス・チャデンシスであった。最近になって、猿人類であるとされた。諸説のなかで、脳の大きさが猿人類として小さすぎるのではないかという指摘があった。以後、小さな脳をもって直立二足歩行をしたとみられる化石が次々と発見された。これによって、人類は大きな脳を支えるために背骨が発達したのではなく、直立二足歩行することで大きな大脳をもつことができたという事実によって、人類黎明期の謎が解き明かされたばかりなのである。進歩は猿人から原人・旧人・新人へと繋がっていく。アフリカからホモ・サピエンス（新人）がでて世界に広がっていったが、旧人と新人とは同時代を共生していたらしい。また、中東で勢力圏が重なっていたという研究がある。旧人とは20万年前からいたネアンデルタール人である。彼らのもつ遺伝子に特徴があり、そのDNAは、現代の我々のなかに存在することが知られるようになった。つまり、ホモ・サピエンスのDNAの1～4%は彼らがもっていた遺伝子情報だという。勢力圏が重なったことで、交流や交配が進んでいたことがわかった。それは、6万年前であるとされている。それから2万年経ったころから、東アジアや日本に到達している。彼らは古モンゴロイドと呼ばれ日本の縄文人となったとされている。縄文時代は約1万3千年前にあって、旧石器時代の文化を引き継いできた。紀元前1万年前から温暖化がはじまり、紀元前6500年には稲作が長江でおこった。紀元前3500年ごろから青森県に三内丸山遺跡があったのであるが、掘立柱建物には12進法が使われているのだ。エジプト文明・メソポタミア文明などと匹敵する文化・文明があったことになり、独自性の文化が開化したといってよいのではないだろうか。

また、今回のテーマである古代の倭人・倭族は、広くアジアに拡散していたことが研究されはじめ多くの文献もでている。つまり、移動・移住は弥生時代からはじまったのではなく、遠く旧石器時代・縄文時代から大陸と日本はつながっていて運命共同体であったことがわかる。日本、中国、朝鮮半島、済州島や沖縄などに横たわる海を制覇した民たちが、その時代ごとに活躍した歴史だと思う。その海を渡った船は、アジアではヨーロッパにくらべ造船が遅れているような資料が多くあるが、けっしてそうではなかったと思われる。難民や戦争などで多くの人が海を行き来した事実を見ればわかる。移動・移民はその為政者たちの要因もあるが、多くは、人々の自由意思による貿易・交易・交流ではなかったか。それで人や国が豊かになれれば幸いだと結びたい。

２０１６年4月　吉日

## ◎参考文献（順不同）


『古事記と日本書紀』坂本勝　青春出版社
『長江文明の謎』安田喜憲　青春出版社
『卑弥呼は何を食べていたか』廣野卓　新潮社
『アフリカで誕生した人類が日本人になるまで』溝口優司　ソフトバンク
『古代の商人たち』布施克彦　洋泉社
『朝鮮王朝の滅亡』金重明　岩波書店
『倭国伝』宮崎正勝　青春出版社
『出雲抹殺の謎』関裕二　PHP
『古代出雲王国の謎』武光誠　PHP
『日本語のルーツは古代朝鮮語だった』朴炳植　HBJ 出版
『葬られた王朝』梅原猛　新潮社
『飛鳥の都』吉川真司　岩波書店
『理科で歴史を読み直す』伊達宗行　筑摩書房
『中大兄皇子』遠山美都男　角川ソフィア
『縄文・蝦夷文化を探る』梅原猛　集英社
『白村江』遠山美都男　講談社
『カミと青銅の迷路』松本清張　講談社
『地図で読む日本古代史』武光誠　平凡社
『倭国』岡田英弘　中央公論社
『シュメル―人類最古の文明』小林登志子　中央公論社
『蝦夷の古代』工藤雅樹　平凡社
『ワカタケル大王 上下』黒岩重吾　文藝春秋
『中学歴史の精解と資料』佐々木隆爾・藤井譲治　文英堂
『倭人と韓人』上垣外憲一　講談社
『倭人伝を読みなおす』森浩一　筑摩書房
『古墳とヤマト政権』白石太一郎　文芸春秋
『歴史の中の日本』司馬遼太郎　中央公論社
『古事記神話の謎を解く』西條勉　中央公論社
『蘇我氏の正体』関裕二　新潮文庫
『古事記入門』瀧音能之　光文社文庫
『伊勢神宮』千田稔　中央公論社
『葛城と古代国家』門脇禎二　講談社
『神武東征の謎』関裕二　PHP
『ヤマト王権』吉村武彦　岩波書店
『モンゴル襲来と神国日本』三池純正　洋泉社
『伽耶国と倭地』尹錫暁　新泉社
『古代の日本と伽耶』田中俊明　山川出版社
『日本書記 上』宇治谷猛　講談社
『日本書記 下』宇治谷猛　講談社
『原始の神社をもとめて』岡谷公二　平凡社
『淮南子の思想』金谷浩　講談社
『歴史を変えた気候大変動』ブライアン・フェイガン　河出書房新社
『中国正史に描かれた日本倭国伝』藤堂明保・竹田晃・影山輝國［全訳注］　講談社
『三国史記倭人伝』佐伯有清編［訳］　岩波書店
『沖縄の歴史と文化』外間守善　中央公論社
『中国古代の科学』藪内清　講談社
『山海経』高馬三良訳　平凡社
『伽耶を知れば日本の古代史がわかる』高濬煥［著］池田菊敏［訳］　ふたばらいふ新書
『隼人の古代史』中村明蔵　平凡社
『東インド会社』浅田實　講談社
『殷―中国史最古の王朝』落合淳思　中央公論社
『水中考古学』井上たかひこ　中央公論社
『中国文明の歴史 秦漢帝国』日比野丈夫　中央公論社
『日本の歴史 上』日本史教育研究会　山川出版社
『三国史記　他六篇』佐伯有清編訳　岩波文庫
『出雲国風土記』荻原千鶴全訳注　講談社学術文庫
『魏志倭人伝』青空文庫
『魏志倭人伝・後漢書倭伝・宋書倭国伝・随書倭国伝』和田清・石原道博編訳　岩波文庫
『日本書紀（一）（三）』坂本太郎・家永三郎・井上光貞・大野晋校注　岩波文庫


## ◎インターネット関連参考文献


Wikipedia「祇園精舎」
「祇園精舎」の鐘の寄贈資料
http://www.sol.dti.ne.jp/~shiraka/gion.html
「海洋文物交流特別展」琉球大学付属図書館
www.lib.u-ryukyu.ac.jp/biblio/bib40-2/07-1.html
「海洋文物交流特別展」琉球新報
ryukyushimpo.jp/photo/prentry-2356.html <http://ryukyushimpo.jp/photo/prentry-2356.html>

◉著者プロフィール

**吉岡節夫**（よしおか・せつお）

1953 年、島根県松江市生まれ。

BRLM 高速学習アカデミー学院長。日本応用心理学会会員。

著書には、『日本人ならやっておきたい ひらがな速読法』（KK ロングセラーズ）、『仕事と勉強の特効薬 続ひらがな速読法』『高校からハーバード大学合格も夢ではない』『歴史を変えた卑弥呼』『甦る古代の王朝』（高速学習アカデミー）など、多数。

**古代日本は最強の「侵略国家」だった!?**

**反日◀▶嫌韓 ここからはじまった**

2016年 5月20日　初版第1刷発行

著　者　吉岡節夫
発行者　吉岡節夫
発行所　株式会社BRLM高速学習アカデミー
〒170－0013　東京都豊島区東池袋1－32－5 大熊ビル4F
TEL 03－3986－5330　　FAX 03－3986－2030
ホームページ　http://www.brlmbook.com
印　刷
製　本　日本ハイコム株式会社

©Yoshioka Setsuo 2016 Printed in Japan

ISBN978-4-907895-55-6

落丁・乱丁はお取替えいたします。但し、古書店で購入されたものについてはお取替えできません。
本書の全部または一部を無断で複写複製（コピー）することは著作権法上での例外を除き禁じられています。
定価はカバーに表示してあります。